人間関係が「しんどい！」と思ったら読む本

心屋　仁之助

中経の文庫

人間関係が「しんどい！」あなたへ
僕も「しんどい！」と思っていました
でも、変われます！

はじめに

こんにちは！　心理カウンセラーの心屋仁之助です。

この本を手にとっていただき、ありがとうございます。

僕は現在、京都や東京で心理学のセミナーを行なっています。個人カウンセリングを行なっていた頃には、日々、さまざまな悩みを抱えた方がやってきました。

その悩みの多くが、人間関係が「しんどい！」というものでした。

- 引っ込み思案で、うまく自分の気持ちをいえない
- 無神経に人を傷つけるくせに、傷つきやすい自分が嫌い
- 職場に嫌な奴がいて、そいつをどうにかしたい
- 会社の人間関係が複雑で、朝会社に行くのがつらい
- めんどくさい争いに巻き込まれて、気の休まるときがない
- どこの職場に行っても、ひどい扱いを受け、認めてもらえない

もう、本当にさまざまな悩み事、相談事ばかりです。

カウンセリングを本格的に行なうようになって、はや7年あまり。この間に、のべ5000人以上ものクライアントと向き合ってきました。

しかしそんな僕ですが、実は、これまでの人生の中で、いつも人間関係を、
「しんどい」
「めんどくさい」
と思って生きてきました。

信じられないかもしれませんが、本当のことです。

僕は、心理カウンセラーという職業に出合うまで、20年近く、大手の運送会社に勤務していました。

そこで働いている間は、ラクに人間関係を生きているというよりも、むしろ人間関係に「苦労している」ほうだったのです。

人間関係を「しんどい」「めんどくさい」と感じるわけですから、極力、人間関係が求められる場面には参加しないようにしていました。

どうしても参加しないといけないときでも、貝のように口を閉じているか、愛想笑いをしながら時間が過ぎるのをただ待っているか……。

もちろん、友人やビジネスのパートナーはいましたが、それ以外の人に対しては、いつも一定の距離を置いていました。

しかし、心の中にいつもあったのは「さびしい」という気持ちでした。

「一人ぼっちでさびしい」
「誰も自分のことをわかってくれない」
「楽しい話ができない」
「自分がいても、場が盛り上がらない」
「この人は自分といても楽しくないんだろうな」

こんな気持ちで毎日を過ごしていたのです。

やがてそのうち、

「だったら、一人でいよう」
「どうせわかってもらえない」
「こんなにがんばってるのに」
「一人でいるほうがラクだ」
「できることは全部自分でやろう」

と、思うようになっていきました。そのうえ、最後には、

「自分のことを理解できないあいつはダメだ」
「自分に興味をもたないなんて、ひどい奴」

と、相手を悪く思うようにすらなっていました。
そう思うことで、なんとか自分を保っていたのです。

自分のまわりに壁を築き、必死にさびしい自分を守っていました。

そして、壁の中に入ってきてくれない相手を恨み、扉を開いて外に出ていけない自分に劣等感をもっていました。

しだいにその思いは、仕事関係や、付き合いのある知人に対してだけではなく、友人、そして家族にまで及んでいきました。


でも、どうすればいいいか、そのときの僕にはわかりませんでした。

当時の自分にできることは、ただ、「認めてもらうためだけに必死にがんばること」「寝食を忘れて働くこと」、そして、「自分のプライドを保つために周囲と戦うこと」だけだったのです。


とてもつらい人生だった気がします。


けれども、傷つくことを恐れた結果、自分で選択してきた人生でした。

そのため、周囲の人をたくさん傷つけてしまったことは、今でも胸が痛む思いがします。

しかし、こんな不器用で、傷つきやすい僕だからこそ、20年というサラリーマン生活のはてに、心理カウンセラーという職業に出合えました。

そして、自分の問題を解決する過程で見つけたさまざまな法則を、この本を読んでいるあなたにお伝えしたいと思ったのです。


僕は、「たった一言！ あなたの性格は変えられる！」というメルマガを発行しています。おかげさまで発行数は3万部にのぼります。

このメルマガや、カウンセリングを行なっていて思うのが、

「たった一言」でも、その人の悩みや性格を変えることができる
ということです。

また、あるクライアントからも、いわれました。

「心屋さんの話を聞いているだけで、悩みがすーっと消えていくようです」

ウソのようですが、でも、僕は見てきたのです。


たった一言でも、人は変わることがある、と。

たった一つの話でも、悩みが消えていくことがある、と。


本書は、具体的に、悩み事を解決するノウハウを書いたものではありません。

人間関係が「しんどい！」と思い、この本を手にとったあなたに向けて、カウンセリングをしているような形で書きました。

僕が今まで、カウンセリングをしたクライアントから、

「考え方が変わった！」

「ラクになった！」


といわれた話ばかりを厳選してお届けしています。

人間関係が「しんどい！」あなたへ。

僕も「しんどい」と思っていました。

でも、変われます。

人間関係が「ラク」「楽しい」に変わってくれることを願っています。

2014年5月

心屋　仁之助

もくじ

2章

「なんだか不安」「どうしよう」自分がダメだと思うあなたへ

3章 「なぜかムカつく」「イライラする」他人が許せないあなたへ

4章 自分も他人も嫌になって苦しいあなたへ

5章 人間関係の「しんどい！」を積み重ねない習慣

本文イラスト　村山宇希
本文デザイン　新田由起子（ムーブ）

1章

人間関係が「しんどい！」あなたへ

「しんどい」

毎日をそう思いながら、人と付き合うのは、苦しいことです。

人間関係でひどく落ち込んだり、自分を責めたり、嫌いになったり。

はたまた誰かに怒ったり、他人を強く責めたり、嫌いになったたり。

どうしたら「人間関係がしんどい」から逃れられるのだろう。

そう考えているあなたに、一つ質問があります。

人間関係が「しんどい」と思うときとは、どんなときでしょうか。

雑談がうまくできないとき、

初対面の人と話せないとき、

他人の目や評価が気になるとき、

苦手な人がいるとき、
人付き合いがめんどくさいとき――。

いろいろな場面があると思います。
けれども、そんなこともいっさい気にしないで、いろいろな人と楽しく話したり、新しい出会いを楽しんだりしている人もいます。
つまり、同じ場面にいたとしても、人間関係が「しんどい」と「感じる人」と「感じない人」がいるということです。

いったい何が違うのでしょう。

本章では、まず、「なぜ、人間関係がしんどいと思うのか」という、シンプルで根本的な問題に向き合うためのヒントになる話を集めました。

人間関係の悩みには ツボがある

嫌なことに反応してしまう「花粉の法則」

現在はご希望される方が多すぎるため、個人のカウンセリングは休止していますが、心屋のカウンセリングルームには、さまざまな方がお越しになっていました。

会社員、経営者、無職の方、学生、主婦、60歳を越えた方、精神科に通院中の方……。また、怒りっぽい方、内向的な方、空気の読めない方、思ったことを人にいえない方、自信のない方……。いろいろな方がいました。

けれども、それぞれの方が人間関係で悩んでいるとき、その「悩みの構造」はほぼ同じです。

どういうことかというと――。

たとえば、「他人に無視された」という「出来事」があったとします。

- Aさんは、その「出来事」について、「深く思い悩み」ました。
- Bさんは、その「出来事」を「まったく気にしません」でした。

この場合、「悩みの正体」は、「出来事」ではなくて、Aさんの「深く思い悩んだ心」です。

もう一つ、たとえをあげましょう。

まわりに「○○するべきだ！」と「高らかに主張する人」がいたとします。

- Aさんは「高らかに主張する人」に対して、「なんでそんなことを押しつけるんだ！」と怒りを覚えました。
- Bさんは「高らかに主張する人」に対して、「へえ、そう思うんだ」と気にしませんでした。

この場合も、「悩みの正体」は、「高らかに主張する人」というより、Aさんの「怒りを覚える心」です。

つまり、人間関係の「悩みの正体」は、「悩みを作っている心」なのです。言い換えれば「その出来事をつらい、問題だと感じる心」です。

こういった「悩みの正体」について、僕はよく「花粉症」になぞらえます。

春になると大量のスギ花粉が飛散します。

- Aさんは、花粉に体が「反応」して、くしゃみが止まりません。
- Bさんは、花粉が飛んでいることさえわかっていません。

Aさんにとって「花粉」は「問題」です。でも、Bさんにとっては「問題ではない」のです。世の中に花粉が飛んでいるという「事実」は変わらないのに。

つまり、「花粉」そのものは、「問題」ではないのです。本当の問題は、「花粉に反応してしまうAさんの中」にこそあるのです。

花粉症の人は体の中に花粉に対する「抗体」があるため、花粉に反応します。

だからといって、花粉症の人が、自分のまわりから「花粉」という存在をいっさいなくそうとしても無理です。

せめてマスクをして、少しでも入ってくる量を減らすぐらいしかできません。

避けて通るわけにもいきません。無視しようとしても無視できません。

やはり一番効果的なのは、体質、つまり、「自分を変えること」でしょう。

人間関係の悩みもこれと同じです。

人間関係の問題も、同じように、ある特定の他人や、出来事に反応する人は、その言動や出来事に対する「抗体」があるから、「反応」するのです。

その「抗体」が「悩みの種」です。

ところが、人間関係においては、相手の言動に反応して、必死で相手を責め立てて、相手を変えようとします。花粉をなくそうとするように。

当然ですが、そんなことをしても、問題はぜんぜん変わりません。

なぜなら、その相手が問題なのではなく、その人の言動を「問題と感じる」こと、つまり「反応をしている」ことこそが問題だからです。

人間関係に悩み、「しんどい！」と思うとき、それは、あなたの心が「何か」に反応しているということ。

その「何か」を見極め、まず体質改善することが大事なのです。

Point 心にも花粉症がある

本当の問題は、実はあなたの中に

よく考えてみたらもとは一つ、「根っこは同じの法則」

人間関係がしんどいと感じている人には、実は2種類のパターンしかありません。

1. 自分の言動に困っている人
2. 他人の言動に困っている人

この二つです。

つまり、「自分の性格が嫌だ！」「自分の行動を変えたい！」と「自分」に問題があると思う人か、「ムカつく人がいる」「私を悩ませるあいつの性格を変えたい」など、「他人」に問題があると思う人か、の2種類です。

ところが、この2種類、違うように見えて、実は同じ。どちらも、自分の中に問題があるのです。

「1は、『自分の言動』に困っているのだから、『自分の問題』なのはわかるけど、2の『他人の言動』に困っているのも『自分の問題』なの？」

と思われるかもしれません。

ですが、「他人の問題」も「自分の中の問題」なのです。

たとえば、職場に「ものの言い方がキツイQさん」がいるとします。

その場合、

「私が気に食わないことをしてしまったのかな」と自分の中に問題を探す人。

「なんであの人はあんな言い方しかできないんだろう」とQさんの中に問題を探す人。

どちらもいます。

けれど、「Qさんのキツイ言い方が気になっている」という点では同じなのです。

「Qさんのものの言い方」に反応しているのです。

つまり、「Qさんのものの言い方」が前項でいうところの「花粉」になってしまっているのです。

そもそも「Qさんのものの言い方」が「気にならない人」もいるのですから。

「あなた」が、「他人の言動に問題があると感じる」ということは、「あなたの中」に反応している「何か」があるのです。

ですから、

「あいつの無神経な行動が許せない」

「上司のあの指導方法はありえない」

と、他人の言動を問題だと思うときも、結局は、自分の言動を問題だと思うのと根っこは同じです。

どちらも根っこは自分の中にある。

あなた自身の花粉症が原因なのです。

Point

他人よりも自分の根っこを見つめる

「自分が嫌」と「あいつムカつく」は、同じ問題

自分が変われば、「嫌な奴」も変わる

「正しい」ときに問題が起こる「鏡の法則」

カウンセリングの場面において、よくある相談はこういうものです。

「同僚に性格に問題のある人がいて悩んでいるんです」

「まわりに嫌な奴がいっぱいいいて、迷惑してるんです」

そう、「他人の問題」で困っているという相談ですね。

その「他人の問題」に対して、「嫌な奴が、心の傷に手を突っ込んできてかき回すので、そんな行為をやめさせる方法はありませんか」と聞かれます。

そういう場合、いつも僕はこうお答えします。

「相手は、あなたが変えようと思っても変わりません。でも、ご自分が変わることで『困らなくなる』のです」

すると、

「どうして、相手が悪いのに自分が変わらないといけないの!?」

と思われる方がほとんどです。

「だって私は問題ないもの」

「私は悪くないわよ」

　このように主張されます。

　実は、「自分が正しい」「自分は間違っていない」と思ったときから問題は始まります。他人の価値観を受け入れない態勢をすでにとっているからです。

　そして、相手の生きざまや価値観を完全に否定します。

「自分が正しい」「自分が素晴らしい」ことを証明したくて、「間違っている人」探しを続けます。

　そして、「自分ではなく、相手が悪い」と考えます。それも当然です。

　このような方は、「私ならあんなことはしない」と、自分が「しないと決めている行動」「するべきではないと思っている行動」「間違っていると思う行動」を目の前の人がするから、「反応」するのです。

　自分の中のこの問題を解決しないまま、人の文句をいったり、相手を攻撃したり、変えようとしたり、排除しようとしたりする。

だから、いつまでたっても変わらない人が、いつもいつも目につき、問題として感じられてしまうのです。

「私」がその問題を「もち歩いている」のですから、どこに行っても、時間がたっても、「問題のある人」がいつも自分のまわりにいることになります。

ですから、「嫌な奴に、私の足を引っ張ったり、心の傷に手を突っ込んでかき回したりするような行為をやめさせる方法」とは、「『反応する原因』を自分の中から見つけて解消する方法」ということになります。

つまり、自分の心の体質改善です。

嫌な奴を無理やり力でねじ伏せたとしても、「本当の問題」は解決していませんから、再発します。他人を変える方法が存在するとしたら、それは、「『自分が正しい』という間違い」に気づいて、自分を変えていく以外にないのです。

「自分以外をどうするか」ではなく、「自分をどうするか」。

それがすべてなのです。

Point 「自分が正しい」の間違いに気づく

「苦手な人」から自分がわかる

他人は自分を映す装置「大入道《おおにゅうどう》の法則」

あの人の言動が嫌。

あの人の言動が目についてしかたない。

そういう方には、

「目の前の人は、あなたを映していますよ」

「目の前の人を見て、嫌だと感じる部分を、あなたももっているんですよ」

という話を、よくさせていただきます。

でも、みなさん、なかなか納得しません。当たり前ですよね。

そんなとき僕は、この「大入道《おおにゅうどう》の法則」をお話しします。


ある霧の多い日に旅人が歩いていたところ、目の前に巨大な化け物が現れました。旅人は、「大入道が出た！」と驚き、一目散にそこから逃げ出しました。

ところが、その化け物とは、たまたま旅人の後ろから日が差したときにできた旅人自身の影だったのです。

こうやって冷静に説明すると、なんでもないことですが、そんな知識もないままに目の前にそんな化け物が現れると、あなたもさすがに驚きませんか。

要するに、「大入道」は旅人自身の影だったわけですが、これは、人間関係にも当てはまります。

自分の中に、たとえば、「人のことをバカにする」という要素があったとします。でも、過去に何か嫌な思いをして、「自分は人をバカにしない」と決めていたとします。

つまり、「人をバカにすることはダメだ」と頭で強く思っている状態です。

こんな人は「バカにする気持ち」が湧いてきても、決して口には出しません。


ところが、その人の後ろから光が照らされました。

すると、その人が、隠し、抑え込んでいた「人のことをバカにする要素」が、目の前にいる「嫌な人」として「大きく映し出される」のです。

自分が隠していたものが目の前に映し出されたのですから、すごく驚き、嫌悪します。自分の家の片づいていない押し入れの中が、掲示板に公開されていたら嫌ですよね（笑）。

これが「大入道」です。

もしも、この人が自分の中にある「人をバカにする要素」があることを認めていたら、目の前に映し出されても、あまり反応しません。

「ああ、わかるわ」程度かもしれません。

ですから、目の前に現れる「嫌な人」「苦手な人」も、あなたが抑え込んでいる要素が「大入道」となって現れたものかもしれない、と考えてみてください。

すると、たいていの人がいいます。

「同じかもしれないけど……私は、あの人みたいにひどくありません」

大事なのは、程度や大きさの問題ではなく、「嫌な人」がもっている要素が自分の中にあるかどうか、そのことを自分で認めているか、否定しているか、なのです。

Point 「大入道」は、存在を認めないと、だんだん大きくなる

目の前に現れる「嫌な人」は
隠していた自分の姿だと
認めてみる

ダメな部分、弱い部分を拾い直す

嫌な人を引き寄せる「結婚相手に天敵を選ぶ法則」

嫌な人、苦手な人がいっぱいいる。
これでは、さぞかし人間関係がしんどいことでしょう。
どうして、嫌な人、苦手な人が自分のまわりにこんなにも現れるのでしょう。

まずは、自分の体が、ジグソーパズルでできているところをイメージしてみてください。

自分の性格は一つだと思っている人も多いのですが、私たちは、実はさまざまな性格が寄り集まってできています。

パズルのピース（性格）が集まって、１枚の絵（自分）になるのと同じようなものです。

その証拠に、たとえば怒りっぽい人でも、ある人には優しかったり、内向的な人でも、一部の人にはとても開放的だったりします。

場面ごとに、現れる性格は違うのです。

ところが、僕たちは、生まれてから今までの間に両親をはじめ、先生や友人、テレビや本などから、さまざまな「こうしなさい」「これはしてはいけません」「こうあるべき」というものを教えられます。

「男とは」「女とは」「大人とは」などの「常識」「礼儀」「倫理」「役割」というものです。

それらの考えを教えられると、「ああ、こういうのはダメなんだ」と、自分の中にあるピース（性格）の一つを「ダメなピース」「弱いピース」「劣っているピース」として、隠したり、嫌悪して外に捨てたりしようとします。

そして、嫌悪するピースを排除して、自分は、「きれいな人」「いい人」「弱くない人」「できる人」として生きていこうとします。

ところが、自分の中からピースを外に捨てたつもりでも、家の窓からただゴミをポイ捨てしたように、自分のまわりは捨てたピースだらけになります。

そして、そのピースは、「嫌な人」「苦手な人」として現れます。自分のまわりはひどい人だらけだ、と文句をいうのも、当然のこと。

自分だけが「いい人」「ちゃんとしている人」でいようとしていると、こうなるのです。

たとえば、自分が怒鳴られて嫌な思いをして育った人は、自分の中の「怒鳴るピース」を捨てようと決めます。

すると、自分のまわりにいつも怒鳴る人が現れるようになります。

しかも、「怒鳴るピース」を捨てれば捨てるほど、「自分の中にも怒鳴りたい思いはあるんだよ」ということを突きつけるように、人が怒鳴っている場面に出くわしたり、自分が怒鳴るのを止められなくなったりすることがあります。

また、女性が弱々しい父親を見ていて、「弱いのはダメだ」と、「弱さのピース」を自分の中から捨てたとします。

すると、誰か（男性）が弱さのピースを拾って、「家の中」という圏内に入ってきたりするのです。それが結婚相手だったりすることもあります。

これが、「結婚相手に天敵を選ぶ法則」です。

このように、僕たちは、それぞれの生い立ちで、自分の中で「いらない」「ダメだ」と思ったものを、人生の道にポイ捨てしています。

そして、ピースを捨てすぎて、自分が本来どんな絵のジグソーパズルだったのかわからなくなっていることすらあります。

しかし、自分が認めたくない、ゴミのように嫌ってポイ捨てしてしまった自分のピースを拾って自分の中に戻すことで、はじめて「自分（絵）」がわかってくるのです。

天敵と思っていた結婚相手を受け入れることが、本当の自分に戻る方法である場合もあります。

「嫌な人」「苦手な人」がいるとき。

ぜひ、イメージの中で、目の前の「嫌な人」「苦手な人」を、自分の中のピースがあいている場所に戻してみてください。

何かが変わるかもしれませんね。

Point そういえば、パズルのピースって、人の形に似てますよね (*^_^*)

「目の前」よりも、「もと」に取り組む

嫌なことはもとから絶つ「うんこの法則」

「臭いニオイはもとから絶たなきゃダメ♪」

昔、こんなCMがありました。僕と同世代の方にはわかりますよね（笑）。

そう、臭いニオイに消臭スプレーをかけても、しばらくするとまたにおってきます。どうすればいいかというと、その「ニオイのもと」を突き止めて、それを取り除かなければいけません。


たとえば、今あなたが部屋に入ってきたときに、うんこ臭かったとします（ありえないとは思いますが）。

すると、おかしいなと思って、消臭対策をするでしょう。ニオイ消しを使ったり、香水を使ったりするかもしれません。

けれども一時期はニオイは消えますが、またにおってきます。そう、どこかに「うんこ」があるからです。

では、これを人生にたとえてみましょう。

目の前に、嫌な人がいる。苦手な人がいる。腹の立つ出来事がある。不満がある。これが「ニオイ」です。

この「ニオイ」に対して、さまざまな取り組み、つまり、接し方を変えたり、相手を変えようとしたり、無視したり、と、いろいろな対策をとってみます。

一時はそれで解決する場合もあります。

たとえば、苦手な上司に対して、接し方を変えてみるとか、部署を変えてみるとか、転職してみるとか、です。

でも、不思議なことに、転職先にも似たタイプの苦手な上司がまたいるなどというように、「ニオイ」は再発します。それは「うんこ」が残っているからです。

「ニオイ」は、「うんこ」があることを教えてくれます。

目の前の「問題」は「本当の根っこの問題」が残っていることを教えてくれます。その「根っこ」を解決しないままに「対処療法」を行なっても、再発してしまうのです。

「ニオイ」、つまり、「嫌な出来事」や「嫌な人」というのは、自分の心の中の「うんこ」、つまり、自分が一番汚いと思って目をそむけているもの、一番触りたくないものがあることを教えてくれます。

「うんこ」は、自分が食べたり飲んだりしたものでできているのに、です。

その「うんこ」に目を向け、積極的に解決しようとする姿勢が、「トイレ掃除をするといいことがある」といわれるゆえんかもしれませんね。

ちなみに、うんこは集まると、「肥やし」になるんですよ。

さあ、あなたの「うんこ」は何でしょう。

「うんこ」の正体は、あなたが一番見たくない「トラウマ」かもしれません。

Point

「汚い」と思っているものにも思いきって目を向ける

人生の宿題は、早めに終わらせよう

やるまでなくならない「夏休みの宿題の法則」

小学校の夏休みを思い出してみてください。

苦手な教科は何でしたか。僕は算数でした（笑）。

その苦手な算数の、真っ白なままのドリルを目の前にした、8月31日、夏休み最後の日になって、お母さんがいいます。

「あんた、算数のドリルやってないの、どうすんのよ!!」

この状態が、今、あなたの目の前にある人間関係の「問題」です。

僕のところには、その宿題（人間関係の問題）が嫌で、みなさん相談に来られます。


「母が宿題しろってうるさいんです」➡ ひどいことをする人がいる。

「宿題をやらなくてすむ方法はないでしょうか」➡ なんとか避けたい。

「宿題のことを考えると、眠れないんです」➡ 苦しい。

「宿題が山ほどたまってるんです」➡ 避けてきたので解く力がないんです。

「大嫌いな算数はもうしたくないんです」⬇自分の思いをいえなかった。

そう、みなさん、夏休みの宿題が終わってないんです。

さらに、「でも、どうしてそんな『宿題』があるんだろう。そんなめんどくさいこと、やりたくない」などと思っている。

そうですよね。でも、人間社会に生きている以上、もしかしたら一番めんどくさいのは「人間関係」かもしれません。

「人間関係の問題」は、「あなたには算数のドリルがまだ残ってるわよ」と教えてくれている、「夏休み最終日のお母さん」なんです。

でも、悲しいかな、人生の宿題は「しかたないなあ、じゃ、やらなくていいよ」ではすみません。

お母さんは許してくれても、次はお父さんが出てくるかもしれないし、先生が来るかもしれないし、お姉さんかもしれないし、隣のおっちゃんが来るかもしれない（笑）（↑これは嫌だな）。

あなたが宿題をやるまで、誰かが来ます。

会社だったら上司や部下、主婦だったら夫や子ども、姑や小姑、学生なら、親や先生、経営者なら、顧客や部下、クレームや経営上の悩みなど……。そうした人やものを通じて、僕たちは自分の「やっていない宿題」に気づかされます。

苦手な人、嫌な人や出来事に出会ったときに「思うように対処できない自分」を見ること、「本当はどうしたいのにできないのか」を知ることで、

「どういうことがいえないのか」

「何が嫌なのか、どうしてそんなに嫌なのか」

そこに、自分のやり残した「宿題」が見えてくるのです。

この機会に、じっくり宿題をやってみませんか。

Point

「宿題」は、やらないと進級できませんよ

1章
人間関係をラクにするヒント

！ 同じ場面にいても人間関係が「しんどい」と感じる人、感じない人がいる

！ 「他人の言動」で嫌なところがあるときはあなたの心が何に反応しているのか見極めてみよう

！ 自分の中の問題を解決しないままだといつまでたっても「嫌な人」ばかりが目につく

！ 「何が嫌なのか、どうしてそんなに嫌なのか」それが自分がやり残した宿題。この機会にやってみない？

2章

「なんだか不安」「どうしよう」自分がダメだと思うあなたへ

人間関係が「しんどい」と感じるのには、3つの種類があります。

1. I'm not OK, you're OK.
（私は間違っている。あなたは正しい）

「自分が信じられない」「自分が嫌い」「自分には価値がない」と劣等感にさいなまれた状態です。他人がうらやましく、大きく見えます。

2. I'm OK, you're not OK.
（私は正しい。あなたは間違っている）

「私は正しい」「あなたが悪い、間違っている」という状態です。自分だけが正しいと思っているので、それに反する行動を他人がとると、激しく怒りを覚えたり、攻撃したりします。

3. I'm not OK, you're not OK.

（私は間違っている。あなたも間違っている）

他人のすることが許せないけれど、自分も許せない。他人にも自分にもOKを出せない、苦しいどん底の状態です。

これは「性格」の問題ではなく、「心の状態」の問題です。「状態」ですから、その人の置かれた状況によって変わっていきます。

2章からは、「そのときの状態に応じて心に効く話」を集めました。

この2章は、「1. I'm not OK, you're OK.」の状態になってしまっている方向けの話です。

自分の役割や価値、能力を見失っている状態のあなたに、そっと「自分を認める」ことができるようになる法則を集めました。

「自分はダメだ」「自分は価値のない人間だ」

そんな思いを抱いているあなたに、ぜひ読んでもらいたいです。

素のままのほうが、ラクに生きられる

自分の張りぼてが成長を止める「カツラの法則」

本当は怒りっぽいのに、そうではないふりをしていたり、本当は優しいのに、厳しい上司のふりをしてみたり、本当はエッチなのに、そうではないふりをしたり（笑）。

多くの方が「本当の自分」を隠して生きています。

なぜ隠すのかというと、「恥ずかしい」「かっこ悪い」「嫌な奴だと思われる」など、世間の評価を気にしているからです。

そんなふうに、本当の自分を隠して「いい人」「あるべき姿」「役割」の仮面をかぶって生きているから、苦しくなってくる。息ができない。

そんな方には、僕はこういいます。

「残念ながら……ばれてますよ」

本当にカツラをかぶっている方には申し訳ないのですが、僕はカウンセリング

中によくカツラにたとえてこの話をしていました。

カツラを使っていることは、かなりの確率で周囲の人にはわかりますよね。けれども、本人が「ばれていない」と思い込んでいるようなら、周囲はそのようにふるまいます。

近くで話をすると、どうしても視線が頭部に引き寄せられたり、新入社員が入ってくると、「注意事項」としてこっそり教えたりもします。

「あの人はカツラだから、あの人の前では頭の話は絶対するなよ」なんて。

しかし、本人を目の前にして、わざわざ「カツラですよね」とは指摘しません。

本人がいわないかぎり、「大人」はそこには触れません。怖くて触れられません。

その人が勇気を出して、「俺、実はカツラだったんだ」というと、周囲の人は、「ええ、そうだったんですか!?」と、びっくりするふりをしますが、心の中ではとてもホッとします。

「ああ、これでやっと頭の話ができる」と。

だから、もう一度、いいますね。

あなたが「カツラ」をかぶっていることを隠しているつもりでも、それ、ばれてますから。

「カツラ」も、あなたの「本当の自分」も同じです。

早めに「本当の自分」を出しておきましょうね。

すると「ラク」になりますよ。

ラクは、楽しい。

「恥ずかしい」「かっこ悪い」と思っていることを隠すのではなく、素のままに、わがままに、かっこ悪く、失敗しながら生きている人のほうが、魅力があると思いませんか。

Point 自分にとっての「カツラ」をはずす

「今まで」と、「今」を一緒にしない

将来が不安になる「ネガティブ慣性の法則」

「今まで、うまくいかなかったから、きっと次も失敗する」はず。

「今まで、このことを話してバカにされたから、きっと次もそうなる」はず。

「今まで、上司に話を聞いてもらえなかったから、きっと今度も聞いてもらえない」はず。


そう思って、不安になることはありませんか。


僕たちの「思考パターン」は、基本的に過去の経験でできています。

つまり、誰かにいわれたこと、されたこと、頻繁に起こったこと、教えられたこと、経験したことを通じて、

「こういうときには、こうなる」

という自分の中のルールを、自分の思考パターンとして自然に作り上げます。

そして、今現在、目の前で起きる出来事を見て、そのパターンに照らし合わせて、物事を判断します。それが、「思考の慣性の法則」です。

つまり、こういうことです。

「今までこうだったから、きっと今回もこうなるだろう」
「今までこうだったから、きっと未来もこうなるだろう」

「物事は、過去から未来にまっすぐ進もうとする」と考えるパターンです。
今まで経験してきたことが「そのまま続く」、一直線の慣性といっていいでしょう。

このパターンには2種類あります。
「今までうまくいったから、きっと次もうまくいく」
こうした「ポジティブ慣性」をもっている人は、ラクですね。
「今まで成功してきたのだから、きっと次も成功する」はず。
と思えるからです。
根拠のない自信って、けっこう大切です。

一方、「ネガティブ慣性」をもっている人は、当然、過去のままの未来が待っていると思うから常に不安です。

「前も失敗したから、きっと次もダメだ」

と思い込みます。

不安を感じるときは、いったん立ち止まって、

「自分は、慣性にのっとって、これから起こることを判断しようとしていないか」

と考えてみてください。

つまり、「うまくいかないはずだと、思い込んでいるだけではないか」と疑ってみる、のです。

もしかしたら、「ネガティブ慣性」に乗ってるだけなのかもしれないですから。

Point

「ネガティブ慣性」のせい？　と疑ってみる

過去を引きずらないで
今を生きようよ

「人にいえないこと」は、いえばラクになる

コンプレックスが心を閉ざす「ノーブラの法則」

A子さんが営んでいる雑貨店に、若い女性の常連客B子さんがやってきました。

A子さんがいいました。

「どうしたの？ 今日はそわそわしてるね」

B子さんは、いつもは元気で活発な女性なのです。けれど、その日は、いつもより無口で、自分の体をまるで守るようにして両手で体を抱いているからです。

すると、B子さんは、恥ずかしそうにいいました。

「あたし、今日、ノーブラなんです」

「はあ!?」と、A子さんは驚きました。


実は、コミュニケーションが下手な人は、B子さんと同じなのではないかと僕は思っています。

B子さんは、自分が「ノーブラ」だという恥ずかしいことを人に知られたくなくて、その日は円滑なコミュニケーションができませんでした。

いや、「していなかった」といってていいかもしれません。

コミュニケーション「できない」のではなく、「しない」。

自分の中に「恥ずかしいもの」「知られたくないもの」を必死に隠しているから、「しない」んです。他人との距離が縮められない。

僕にも同じような経験があります。

僕は中学生の頃に「仲間はずれ」にあいました。それはとてもつらく、苦しい出来事でした。

でも、その事実を、親にも兄弟にも、その後に知り合った人たちにも、まったく話しませんでした。そう、「話さなかった」のです。

それは「恥ずかしかった」から。

「仲間はずれにされるような奴」だと思われるのが恥ずかしかった。でも自分ではそのことに気づいていませんでした。

そのことを知られたくない僕は、そのことに関わるすべてのことを隠そうとしました。中学校時代やそれ以前のことを記憶から消し去ろうと努力しました。

ところが、「心」はちゃんと反応していました。

「仲間」とか「親友」とかいう言葉が、僕は嫌いでした。

自分の隠している過去を無意識のうちに刺激する言葉だったからです。


そのことに気づいた僕は、意識的にあることを始めました。

とても恥ずかしく、つらいことでしたが、勇気をもって行なうことで、自分の心が開いていくのがわかりました。そのあることとは、

「恥ずかしいと思っていた体験を人に話す」

ということでした。死ぬほどの勇気を出して、自分が仲間はずれにされていたことを人に話したのです。


ところが、打ち明けた相手の反応は、「ふーん」でした（笑）。2秒で終わり。

予想していたような「さげすむような反応」は、ゼロでした。


それどころか、「ふーん」「ああ、あるよね」という反応でした。

話してみてわかったことは、人は、他人の恥ずかしい話には、たいして反応しない、ということです。今まで自分がトップシークレットとして守り続けてきたことは、単なる思い込みだったと気づいた瞬間でした。

- 体、容姿のコンプレックス
- 能力や学歴のコンプレックス
- 仕事や職歴、お金のコンプレックス
- 家庭、家族のコンプレックス
- 恥ずかしい、つらい体験のコンプレックス
- 性的なコンプレックス

あなたは、どんなことを隠していますか。

思いきって誰かに話してみると、きっとラクになれますよ（と、そっと目の前にカツ丼を置く）。

Point コンプレックスを一つ人に話す

「よい」も「悪い」も、他人は好きなように見る

悪い奴ほど人気がある「悪役の法則」

世間体を気にして、ついつい「いい子」のふりをしてしまって苦しい。

友達同士の評判が気になってしまって、自分らしくふるまえない。

職場の評価を気にしたり、部下や同僚に嫌われたくなかったりするあまりに、思ったことをうまくいえない。

このように、世間や周囲の評判を気にして、自分らしくいられない方がいますよね。そういう方には、僕はこの話をします。


ある街に、不良少年がいました。

万引やケンカを繰り返したり、ときには誰かを傷つけたり、手のつけられない悪ガキでした。

ある日、あやうく車にひかれそうになったおばあさんを、たまたま通りかかったこの不良少年が身を挺《てい》して助け、適切な処置をとったあと、名前も告げずに去っていきました。

街の人たちは、こぞって「あの子は、あんなふうにふるまっているが、本当は心の優しい子なんじゃ。ちょっと心がやさぐれておるだけじゃ」と話し、不良少年の評判は一気に上がりました。

同じ街に、とても素行のいい少年がいました。

ふだんから、礼儀正しく、勉強もよくできる、とてもいい子でした。

ある日、素行のいい少年が、出来心から下着泥棒をしてしまいました。

すると、「あいつが今までいい子にしてたのは、人を油断させて下着を盗むためだったんじゃ」と、それまでのよい行ないまでをすべて否定されて、その子の評判は地に落ちてしまいました。

極端な例かもしれませんが、ふだん、それほど評判のよくない人が、たった一つよいことをしただけで、評価が逆転することがあります。

逆に、ふだん評判のよかった人が、一つ悪いことをすると、それまでの評価や信用はがた落ちになります。

もちろん、最終的には、その人の本質は見抜かれてしまうのでしょうが、これ

らの話でお伝えしたいことは、自分が「こう見られたい」と思って、いくら努力しても、

「他人は好きなように見る」

ということです。

ですから、「ちゃんと生きないとダメ」「間違ったことをする私は、私ではない」と、正しくあろうとして苦しくなっている方には、

「誤解も何も、他人は好きなようにあなたのことを理解するんですよ」

と僕はいうようにしています。

だったら、好きなように動けばいいのです。

世間の評価を気にして「いい子」を演じていると、自分らしい行動がどんどんできなくなりますよ。

ただし、決して、「悪いことをしよう」という話ではないのでご注意を。

Point 悪い奴になってみよう

好きなように
動けばいいよ

しんどいほうが、「楽しい」も大きくなる

人生の試練の意味がわかる「マラソンの法則」

「なんで自分はこんなにしんどい目にあわないといけないんだろう」

人間関係がうまくいかないと、そう感じることはありませんか。

以前、僕が東京のある街を歩いていたら、たくさんのランナーたちの集団に追い抜かれて、びっくりしたことがあります。

マラソン大会が近くて、練習していたようです。

その人たちを見ると、真っ赤な顔をして、汗をいっぱいかいていてとても苦しそうです。

その苦しそうな表情を見て、僕が、「そんなに無理して走ったらダメだよ」なんて、シャツの袖をつかまえて引き止めたら、どうなるでしょう。

はい、たぶん殴られます（笑）。

殴るまでは冗談としても、きっと、「好きで走ってるんだ」「これが楽しいんだ」「終わったあとの達成感が最高なんだ」という答えが返ってくることでしょう。

「なぜ山に登るのか」

それは、頂上に着いたときの達成感、眺め、爽快感がかけがえのないものだから。ヘリコプターで頂上に着いたら、きっと味わえないでしょう。

マラソンも、ゴール地点まで車で行けば……楽しくはないですね。

苦しい思いをして、がんばることが楽しい。走れることが楽しいのです。

自分が何かを嫌いに思えて苦しいとき、こう考えてください。

僕たちの人生には、つらいことや悲しいこと、逃げ出したくなるようなこと、乗り越えられないこと、うまくいかないことがいっぱいあります。

けれども、実はそんなことを体験して、乗り越えることで楽しみ、成長している。僕たちは、その幸せを味わうために生まれてきたのかもしれない、ってね。

え？　マゾ？

Point

逃げずに楽しんでみる

「他人はすごく見える」ただそれだけ

他人が立派に見える「中学生の法則」

小学生の頃、制服を着て学校に向かう中学生を見て、「大人だなあ」と思っていました。

中学生の頃、高校野球に出ている選手たちを見ながら、「すげえなあ」と思っていました。

高校生の頃、大学生を見て、「大人っぽいなあ」と感じていました。

大学生になってアルバイトをしていた頃、「社会人ってすごいなあ」と感じていました。

社会人になって、仕事のできる管理職の人や先輩たちを見て、「スーパーマンみたいだなあ」と仰ぎ見ていました。

会社員だった頃、独立して仕事をしてる人を見て、「よくあんな勇気あるよなあ」と思っていました。「自分には無理だ」って。

独立して事業を始め、会社を大きくしていく人を見て、「すごいなあ」と感じていました。

カウンセラーをめざし始めてからは、人前でも堂々とカウンセリングをしている人を見て、「よくできるよなあ」と感じました。
本を書きたいなと思い始めた頃は、たくさん本を出してる人を見て、「すごいなあ」と感じました。

ふと、気がつけば、僕は全部やってきていました。
でも、どれもビビりながらやっていました。
そのときどきで悩みを抱えていました。

家庭のことで悩んでいました。
勉強のことで悩んでいました。
友達のことで悩んでいました。
評価のことで悩んでいました。
性のことで悩んでいました。
自分の能力や器のことで悩んでいました。

立派に見えても、すごく見えても、やっぱりみんなきっと何かで悩んでる。

けれども、それを乗り越えてきたか、チャレンジしてきたか、怖がって避けてきたか。

僕が成長できたのは、「怖くても挑戦したから」です。

「怖くて逃げたこと」は、今でも後悔しています。


「他人はすごく見える」

たしかに、そのとおりです。

けれども、その人だってその立場でいろいろなことに悩んでいる……。

だから、他人のことを「すごい」なんて思わなくていいのです。

それがこの「中学生の法則」です。

Point
昔の自分より成長した部分を思い出す

不安や悩みを頭の中だけにしまわない

考えがすっきりまとまる「金魚の法則」

不安なことや考え事があるとき、頭の中をいろいろな考えが、ぐるぐるぐるぐるぐる回り続けます。

考えても考えても、なかなかまとまらず、またぐるぐると回り始めて、どうすればいいのかわからなくなったりします。

実はこういうとき、本当に考えなければいけないポイントは、そんなに多くありません。

金魚鉢の中に、たくさんの金魚が泳いでいるところをイメージしてみてください。赤や黄色、黒いのや大きいのや小さいの、いろいろな金魚が泳いでいます。

その金魚を数えてみてください。

「1、2、3……4、5……6、7、8、9……」

「あーもー、動くなっ!!!」

と叫びたくなりますよね（笑）。

今度は、その金魚が頭の中にいるところを想像してみてください。

そして次に、頭の中の金魚を数えてみてください。

数えようとしても、まとめようとしても、金魚は、泳ぎ回ります（笑）。

考え事をしようにも、考えがぐるぐるしてまとまらないときは、頭の中がこのような状態になっているんです。


こいつらを整理するためにはどうすればいいのか。

金魚を1匹ずつ水槽から出して、並べてしまえばいいのです。

これを頭の中でやるということは、

「頭の中で考えたことを、紙に書き出す」

ということです。

頭の中で、まるで金魚のように泳ぎ回っている「考え」「思い」「不安」を、一匹ずつつかまえて、紙の上に並べていく。

すると、数としては案外少なかったりするものです。

同じ金魚を何度も数えていたから、いつまでたってもまとまらなかっただけかもしれません。

きちんと整理する必要はありません。

紙に「書き出す」だけでいいのです。

そして、書き出したものを、自分の目で見ることで、頭の中とは違うものの見方、考え方ができて、整理もできますよ。

ぜひお試しあれ!

Point

とりあえず不安や悩みを紙に書き出す

2章

人間関係をラクにするヒント

早めに「本当の自分」を出しておこう
すると「ラク」になる！

うまくいかないと思い込んでいないか？
もしかしたら、ネガティブな慣性に乗っているだけかも

人は、他人の恥ずかしい話には
たいして反応しないもの

苦しいとき、悲しいときは
それを乗り越える幸せを味わうために生まれてきたと思おう

3章

「なぜかムカつく」「イライラする」他人が許せないあなたへ

この3章は、56ページの「心の状態」でいうところの「I'm OK. You're not OK.」になっている方に向けたお話です。

この状態になっている方は、

私は正しい、間違っていない。あなたが悪い、間違っている

と思っています。

さらには、「自分は正しい」と思っているので、つい「許せない」「～するべき」が口グセになって、まわりの人に「変わる」ことを求めます。自分以外の人をなかなか認めることができません。

さらに、基本的に自分の価値観が正しいと思っているので、それに反する行動を他人がとると、激しく怒りを覚えたり、攻撃したりすることもあります。

また、自分の能力が優れている分野では、人をバカにするような

行動に出てしまうこともあります。

一方で、自分自身が思うようにならない苦手なことなどを他人から指摘されると、激しく反発したり劣等感を強く感じたりしてしまいます。

この「心の状態」が続くと、イライラすることが多くなります。人間関係が思いどおりにいかないと、不満に思います。

「他人は自分のことをわかってくれない」
「どうして、私だけがこんな目にあわなきゃいけないの!?」
「こんなにがんばっているのに、誰も認めてくれない」

と他人を責めたり、攻撃して、つらくなってしまっている。

3章は、そんなあなたの心に効くお話です。

意地を張ると、「本当の気持ち」を見失う

疲れ果てて苦しくなる「岩と旅人の法則」

他人に対して「こうするべき」とか、「こんなことじゃダメよ、変わりなさい」といいたくなるときがありますよね。

僕もよくやっていました。

そんなときは、相手を一生懸命変えようとしています。

でも、そんなことしても、なかなか変わりません。たとえ変わったと思っても、変わったふりをされるのが関の山です。

場合によっては、強制的にやったり、恐怖でコントロールしたりしようとしますが、それではあまり幸せな結果は招かないような気がします。

僕は、この様子を「岩と旅人」にたとえてお話しします。

ある日、旅人が歩いていると、目の前に、巨大な岩がありました。旅人は、岩に向かって「じゃまだ、どけ」といいましたが、当然、岩はどきません。

言葉が通じないのかな、と思っていろいろと言葉を変えてみましたが、ぴくり

とも動きません。

そこで旅人は、岩を押してみました。それでも、ダメです。だんだん腹が立ってきて、「みんなの邪魔になるだろうが」と、蹴ったりたたいたりしましたが、岩には通用しません。

「どかないと爆破するぞ」と脅しましたが、動きません。

旅人は悔しくてしかたがない。

そして、とうとう本当に爆破してしまいました。

ところが、岩の一部が破壊されたことによって、道はもう十分通れるのに、旅人はまだ気が治まりません。

応援を呼んで、さらに岩を爆破し続け、疲労し、飛び散った破片で傷ついていきました。

その様子を見ながら、多くの旅人は、岩を避けて遠回りしたり、ロッククライミングして楽しみながら岩を乗り越えていったりしました。

旅人が岩と格闘しているのを、遠くでお弁当を食べながら見ている人もいました。

旅人は、そんな人にも腹を立てました。
「せっかく俺が、みんなのために岩を動かしてやってるのに！」
と怒りが収まりません。
疲れはてて、とうとうそこに座り込んでしまいました。
岩を迂回したり、乗り越えていったりした旅人たちは、もうずいぶん遠くまで行ってしまったというのに……。

岩を動かすことは、変わらない他人を変えようとするようなものです。

他人を変えるのではなく、自分が、意地を張らずに、あえて遠回りしたり乗り越えたりすることで「本当の目的」に早くたどり着けるのかもしれませんね。

だって、もともと旅人にとっては、そこは単なる道の途中で、目的地は別にあったのですから。

Point 心の目的地を確認する

あなたの「ふつう」や「べき」を手放そう

相手と話が通じない理由がわかる「地図の法則」

「あなた、それはおかしいよ」といい合っている光景を、よく見ませんか。

職場で、友人同士で、家庭で……。

「ふつう、これはこうでしょ」

「こういうときはこうするべきでしょ」

とそれぞれの正しさを主張し合っている。

この場合、それぞれに、その人には、自分の心の中の「フィルター」を通した「べき」「ふつう」があるのです。

そしてお互いに「相手がおかしい」と考えているわけです。

以前聞いた、僕の好きな言葉に、

「目の前で起こっていることは、見る側の経験でしか理解できない」

というものがあります。

つまり、自分の価値観というフィルターを通さずにものを見たり聞いたりすることはできないということです。僕たちは、すべての物事を、自分の過去の経験に照らし合わせて見聞きしているのです。

このフィルターは、自分だけの価値観、自分だけの法律です。

そして、このフィルターを通して物事を見聞きしたときに、「感情」が生まれます。

このフィルターを、できるだけ粗い目にすることができれば、他人の言動にいちいち引っかからず、ジャッジせずに受け止めることができます。

NLPという心理学の前提の中にも、「地図は現地ではない」というものがあります。

いくら精巧にできた地図であっても、それは必ず、地図の作製者の視点で作られたものだという意味です。

また、これは僕の視点なのですが、「過去は現実ではない」と思っています。

自分にとっての過去は、自分にとって「だけ」の現実で、「自分が見た角度」の現実、「自分の立場で受け取った」現実であって、同じ出来事に関わった人には、その人にとっての現実がある。

まったく違う過去をもっています。

同じものを見ても、同じようには見ていないのです。

同じ映画を見ても、同じ音楽を聴いても、同じ言葉を聞いても、同じものを食べても、同じ事件に出合っても、人それぞれ感じ方は異なります。

同じものを食べている2人が、同時に「おいしいね！」といっても、その人たちの中で、それぞれが何を感じているのかまではわかりません。

仕事がよくできる人がいて、まわりは「すごいね！」といっていても、本人は納得できずに「あーダメだ」と思っているかもしれません。

逆に、その人だけは「すごい！」と思っていても、まわりから「ダメだな」といわれることもあります。

つまり、「過去」どころか、「今現在」も、「現実は、その人だけの現実だ」といえるのです。

ですから、実は、「べき」や「ふつう」は、人それぞれまったく異なるのです。

なのに、それをぶつけ合っている。

そして、いい争ったり「自分の意見が通らない」と悩んだりしているのです。

そこで、他人の考えを認めたり、受け入れたりすることができたら、悩みは消えていきます。

つまり、自分と他人の「フィルターの違い」を認められたら、人間関係の悩みは消えていくのです。

違いを認めるということは、「比較しない」こと、「正しさを主張し合わない」ということです。

認める、受け入れる、ということ。

それは、他人を「尊重する」ということ。

それは、自分を「尊重する」ということ。

それができるだけで、驚くほど人間関係の悩みは消えていきます。

Point

その人が大切にしているものを、一つ大切にする

「べき」や「ふつう」は、人それぞれでまったく異なる

「自分の価値観」だけで話を聞くのをやめる

「聞く」と「聴く」の間の「禅問答の法則」

僕たちカウンセラーは、「聴く」ことと「訊く」ことが仕事です。「聴いて」受け止め、「訊いて」答えを引き出す。

実際、「聴く」ことは、簡単そうに見えて、とても難しいです。

それは、僕たちは人の話を聞いていますが、実はそのとおりに聞けていないからです。

禅問答のようですね（笑）。

たとえば、つらい目にあって、そのことを話すクライアントは、「その人だけの現実」をもっています。

それがはた目で見て、どう見ても「思い込み」であったとしても、その人の中では、それが「事実」です。

僕たちカウンセラーは、いろいろなケースを体験し、学べば学ぶほどに耳が肥えてきます。

心のことを学べば学ぶほどに、心も肥えてきて、気がつけば、わけ知り顔になったりしたこともありました（僕だけ?）。

すると、目の前の人の言動に対して「そうじゃないのに」「それはダメだよ」「あーあ、もったいない」なんていう思いが「自動的」に湧いてきます。

こればかりは、止めようと思っても止められません。

そして、ついつい、そういってしまうことがありました。

つまり、「自分の価値観」で、人の話を聞いてしまうのです。これでは、「聞く」であって、「聴く」になっていない。

「聴く」というのは、相手の価値観に沿って、自分の価値観でジャッジしないで聞くということだからです。

「聴く」というのはとても難しいのです。

というより、本当の意味でノージャッジで聴くのは、たぶん無理です。

「聴く」ことは、このように自分以外のさまざまな価値観に出合い、他人と自分の価値観の違いに気がつき、その違いを認めていく修行なのかもしれません。

あなたも、こういうことがありませんか。

- 部下の報告を聞いているときに、つい、イライラする。
- 相談相手の話に、口を挟んで説教じみたことをいってしまう。
- 他人と話していて、すぐ「そうじゃない」とムカつくか、怒ってしまう。

そんなときは、「自分の価値観」だけでジャッジしながら「聞いて」いないかを考えてみてください。

すると、「ああ、あの人の中ではそうなんだ」「ああ、自分の中ではこうなんだ」「ああ、自分の記憶の中の現実は、自分だけの現実かもしれない」と思えるかもしれません。

僕も日々、修業させていただいております。

Point

「他人の価値観」に目を向けてみる

ムカつく相手にも、言い分がちゃんとある

文句をいったら自分だった？「返り討ちの法則」

誰かとケンカになって、「だいたいあんた、自分がどれだけひどいことしたか、わかってんの」なんていおうものなら、かなりの確率でこういわれることはないですか。

「そういうあんただってね、自分では気づいてないんでしょうけど！」

そう、これが「返り討ちの法則」です。

人は、他人の嫌な言動を目にすると、自分もまた同じことをやっているとはなかなか思えません。これは、ごく当たり前のことです。

それは、生まれてはじめて、ビデオカメラに映っている自分の姿を見たときや、録音された自分の声や歌を聞いたときの衝撃にも似ているかもしれませんね。

こんなの、私じゃないって（笑）。

つまり、そのくらい僕たちは、自分が周囲からどう見えているのか、わかっていないのです。

自分が無意識にどんな言動をしているか、わからないのです。

そんなことを忘れて、僕たちはつい、目の前の人の言動に反応して腹を立ててみたり、正そうとしたりしてしまうことがあります。

相手を責めているときは、相手は相手でこちらを責めているかもしれません。

そんなとき、「そういうあんただって」と指摘されると、「そ、それは……」としどろもどろになるか、「私には正当な理由があるのよ！」と、あくまでも自分を正当化しようとしますか。

相手にも、あなたを責める理由があります。

あなたにも、相手を責め、自分を正当化する理由があります。

相手も、自分が正しいと思っています。

あなたも、自分が正しいと思っています。

それは、どちらも、自分に自信をもっていないために、自分を正当化せずにはいられないからかもしれません。

どちらが正しい、という戦いは永遠に終わりません。

「どちらも、正しい」

こう考えることが戦いを終わらせる方法かもしれませんね。

Point

私も正しい。あなたも正しい

どちらが正しいかという戦い
は永遠に終わらない

勝手に始めてしまった「悪いところ探し」をやめる

怒りが限界に達して爆発する「スタンプカードの法則」

僕たちは、心の中に「スタンプカード」をもっています。

そして、「自分の思いや、いえなかった言葉をのみ込んだ回数」を数えているのです。


たとえば、同僚に対して何かいいたいことがあったとします。

でも、「傷つけるかも」「笑われるかも」「怒らせるかも」「ケンカしたくない」などの理由でのみ込みます。


いうより、いわないほうが自分も傷つきません。

すると、そこからスタンプカードが始まります。

いいたい言葉を一つのみ込んだことで、一つスタンプを押したのです。

スタンプカードをもらったら、なんとなくためたくなりますよね。

だから、一つ目のスタンプを押した瞬間から、スタンプをためようとして、相手を「観察・監視」し始めるようになります。

「また、やるんじゃないか」と見張り始めるのです。

そして、相手がまた似たようなことをしたら、すかさず「ほら、またやったわ」とスタンプを押します。

これを「偏見」といいます。

スタンプを押し始めた段階で、相手のことを「偏見」で見始めます。

つまり、相手が「何をやっても、そう見える」のです。

その時点から「事実はゆがみ始める」のです。

もう、その人の何を見ても、悪いように見え始める……。

そしてスタンプを押すたびに、「ほら、ほら」といいながら「悪いところ探し」を続けていきます。

やがてスタンプがたまってくると、イライラしたり、無口になったりして、態度だけで不満を表そうとするようになります。

スタンプカードには景品がつきものです。スタンプカードに最後の一つが押されていっぱいになると、商品をもらえたり、金券が使えたりします。

心のスタンプカードがいっぱいになるとどうなるか。

「キレる」「爆発する」のです。

「もうガマンできない」というセリフとともに。

いったんキレると、過去にためたスタンプまですべて示したくなりますので、なかなか収まりません。

つまり、キレたほうには、キレるだけの「たくさんの理由」があるのです。

でも、キレられたほうにはそれはわかりません。

「なんで、そんなことぐらいでキレるの？」となります。

それは、キレた人が、キレるまでその理由をいいたくないので、いわなかったからです。不満のスタンプカードがいっぱいになったときになってはじめて、過去に積み重ねてきた不満をまくし立てます。しかし、いわれたほうは、どうしようもありません。

「だったら、そのときにいってよ」という気持ちになります。

考えてみると、最初のスタンプを押した理由は、「傷つけるかも」「笑われるかも」「怒らせるかも」「ケンカしたくない」という、いわない側にとっての「自分の都合」だったはずなんです。

しかしそれを認めたくはないし、かっこ悪くていいたくもないので、いつの間にか、「あなたのためにガマンしたのよ」と、中身をすり替えてしまったのです。

つまり、スタンプを押し続けることで、いつの間にか自分を「被害者」に、相手を「加害者」に仕立て上げていたのです。

スタンプを押し始めたのは、あなたが「いわなかった」からなのに――。

これ以上スタンプをためないために大切なことは、思ったことをそのときに思いきって相手に伝えてみることです。

この際に気をつけなければいけないのは、「相手を指摘・攻撃しない」こと。「あなたはおかしい」「あなたの言動に腹が立つ」というのは、攻撃です。

これは本音ではありません。

相手に思っていることを伝えるときは、「私は、こういう理由で腹が立った。なぜなら……」と、自分が何かに勝手に期待していた、その期待をかなえてもらえなかった、という本当の気持ちだけを伝えることです。
そして、大切なのは、それを伝えたあとの相手の行動に期待しないこと。
相手には、相手の都合と考え方があるのです。

「自分が本当はどうしてほしかったのか」
それをただ、伝えるだけ。

「認めてほしかった」
「優しくしてほしかった」
「大切にしてほしかった」

あなたの本音だけを伝えるように心がけてみてくださいね。

Point
心のスタンプカードを捨てる

被害者モードは過去の思い込み

悪いことが次々と起こる「被害者の法則」

「私がこれだけやってるのに」

「こんなにガマンしてるのに」

「私は悪くないのに」

という思いが湧くことはありませんか。

もし湧いているとしたら、あなたは完全に「被害者モード」に入っています。

さっきのお話「スタンプカードの法則」のとおり、いいたいことをいわないで心の中のスタンプがたまってくると、自分は勝手に被害者になっていきます。

「ひどいことをされる人」になるのです。

そして、やがて自分が被害者だということを、まわりに「わかってほしい」「認めてほしい」ので、アピール活動に入ります。

アピール活動に入るためには「加害者」が必要です。

加害者がいないと、被害者は成り立ちませんからね。

そこで、スタンプを押せる相手を探し始めるのです。

これが「他人のあら探し」です。

他人のあらを探しては、一生懸命スタンプを押して、そのスタンプカードを人に見せて、

「私は何もしてないのに、こんなにひどいことされるんです」

「私のまわりはこんな人ばかりでつらいんです」

とアピールして回ります。そうしながら、さらに次々と獲物（加害者）を探すという、不幸な旅に出かけていくのです。

そして結果的には、自分のまわりは「信用できない」「敵だらけ」という状況を作り上げていくのです。

すると、ますます「被害者」のスパイラルに陥っていきます。

やがて、「あら探しスタンプ」は、「どうして私はいつもこんな目にあうんだろう」と、次は自分の欠点探しをする「自虐スタンプ」に代わっていきます。

この状態に入っている人のことを、「すねている」といいます。

「すねる」という行為は、他人の気を引くための一つの戦略です。

このタイプの方の多くは、子どもの頃にすねることでうまく望みがかなったというパターンを引きずっていたり、子どもの頃に何かの願いがかなわなくて誰かに腹を立てて、そのときの怒りがそのまま続いていたりすることもあるようです。

そして、裏側にある「本当は○○をしてほしい」という思いをいいたくないから、態度で表そうとします。

わかってほしい、ほめてほしい、優しくしてほしい、認めてほしい、かまってほしい――。

しかし、それがいえないからあきらめる、しらける、ものわかりがいいふりをする、という態度をとるようになっていきます。

いじける、意地を張る、ひねくれることもあります。

そうやって、すねて「心を閉ざす」ことで、自分で壁を作り、相手との距離を作ります。

すると、まわりの人は非常に扱いづらくなってきて、距離を置き始めます。何をいってもすねているわけですから。

つまり、自分が心を閉ざした(いわなかった・しなかった)ことで、相手の心も自分に対して閉ざさせた、ということです。

ということは、自分が心を開けば、相手も心を開いてくれるようになります。

これが「自己開示」です。

自己開示とは、すねてしまった自分の心を開くことなのです。


「もっと優しくしてほしい」

「もっと認めてほしい」

「もっとかまってほしい」


こういった「本当の思い」に気づき、それを伝えて、自分の心を開く練習を始めてみてください。

ただし、自分の「本当の思い」を伝えるには、勇気が必要です。

ちょっと勇気を出してみませんか。

Point
いえなかった一言を素直にいう

傷ついたから
怒ってるんだ

すねキャラを卒業する

うまくいかないことばかりになる「すね再燃の法則」

どうして自分の人生には、つらいことやうまくいかないことが多くて、ひどい人がいつもいるんだろう。

だから、いつまでたっても人と打ち解けられないし、素直に喜びを表現できず、楽しめない。


僕はそんなふうに思いながら生きている時期が多かったように思えます。

どうしてこんなことになるんだろう、といろいろと考えてみて、今回の法則を思いつきました。

子どもの頃の僕は、よくすねていました。

親に何かを買ってもらえない、何かの要望を聞いてもらえなかった。いいことをしたのにほめてもらえなかった。さびしかったのにかまってもらえなかった。

そんなふうに、思っていました。

いろいろな理由はあるのでしょうが、とにかくすねていました（笑）。

すねているときというのは、イメージ的には、毛布をかぶってうずくまっている状態です。そして、「ほら、ケーキ買ってきたよ」と優しくされても毛布越しに、「いらん」とつっぱねているのです。

本当はすごく欲しいのに。何度か「ほら、一緒に食べようよ」といわれても、意固地にすねているので、受け取れません。

そのうち、その人もあきらめて向こうに行ってしまうと、毛布の隙間からのぞいて「あ……ほんとに行っちゃった」と、またすねます。

向こうでテレビがついています。とてもおもしろそうな番組をやっています。

本当はとても見たい。

でも、すねてる手前、そっちに行けません。

「そんな低俗な番組、見たくないもん」

学校で楽しいことがあっても、今さらいえません。

そうやって「すねキャラ」になると、もうもとには戻れません。ちょっと気を許して喜んだりすると、「あらあら、さっきまで泣いてたカラスが笑った」なんて冷やかされるから、意地でも笑いません。

でも、実は何もないのにすねているのは、ちょっとしんどい。

だから、「すねる材料」を「すねの火を絶やさないために」探し続けます。

イライラすること、思いどおりにいかないこと、うまくいかないこと、嫌な奴……。

僕はそれらを燃料にして「すねの火」を燃やし続けていました。

あなたもそうしていませんか。

さっさと消しましょう。

さっさと毛布から出て、みんなと遊びませんか。

ちなみに「すねる」を漢字で書くと「拗ねる」。「手偏《てへん》」に「幼い」と書くんです。

子どもの戦法っていうことですね。

Point

すねていると遊べなくなる

強がり、負け惜しみはおいしくない

好きだった人を悪く思う「すっぱいブドウの法則」

ある瞬間から、今まで大好きだった相手を嫌いになってしまうことがあります。急に相手に怒りを覚えてしまうことがあります。

なぜ、そうなってしまうのでしょう。

イソップ寓話に、こんな話があります。

キツネが山を歩いていると、おいしそうに実ったブドウを見つけました。なんとかとろうとして、キツネは何度もジャンプしてチャレンジしますが、ブドウは高いところにあって届きません。

するとキツネは、「ふん、どうせあのブドウは、すっぱくてまずいはずだ。別に最初から欲しくなかったのさ」と捨てゼリフを残して去っていきました。

この寓話は、手に入れたくてたまらないのに、手が届かないもの（仲よくしたい、いい成績が欲しい、いい結果が欲しい、地位や名誉が欲しい、成功したい、もてたいなど）に対して、それらを、価値のないもの、自分にふさわしくないもの、必要のないものとしていったんあきらめることで、納得しよう、自分を正当化しようとする人間の心理を描いています。


これは、フロイトの心理学において「防衛規制」といわれています。

この、すっぱいブドウの場合、

「本当は価値がなかったと思い込むことで、自分を傷つけないようにする」

というパターンです。


これが人間関係の場合、仲よくしたかった人が振り向いてくれない、かまってくれないときなどに「仲よくなる価値はない」と思おうとし、それが高じて、その人の悪口をいいふらすような行動に出る人もいます。

親に愛してもらえなかった場合にも、「別に愛情なんて欲しくないよ」と、横を向き続けたりするのです。

「防衛規制」には、ほかにも、

・「自分は今、ブドウを食べたくないんだ」と自分の欲望を押し込め、強がりをいって納得しようとする。
⇐
人間関係の場合、もともと仲よくなりたくなんてなかったんだ、好きじゃなかったんだ、とその人の欠点を探して自分を納得させる。

・「自分は、本当はブドウを食べたいんじゃなくて、リンゴを食べたいんだ」と自分の本当に欲しいものをすり替えて、納得しようとする。
⇐
人間関係の場合、本当はAさんではなく、Bさんが好きだったんだ、と違う人に置き換えて納得しようとする。

という行動に出ることもあるようです。
こういったパターンを続けることで、くじけグセ、あきらめグセがついてしまって、人と仲よくなるチャンスを逃してしまうこともあります。

そのせいで、「目の前の人と人間関係を築くことが今の自分にはできない」という現実を受け止めてみてください。

つまり、相手を悪く思ったり、負け惜しみをいったりするのではなく、「できない自分」を認めるのです。

それができると、そこからはじめて関係が始まるかもしれません。「できない自分」だからではなく、「今はできない」「今はやらない」というだけのことなのかもしれませんから。

そして「本当は好きなんだ」「本当はやりたいんだ」という気持ちもウソをつかずに認めてあげてください。

余談ですが、「甘いレモン」という話もあります。せっかく苦労して手に入れたものだから、絶対に価値があるんだと思い込んで手放せなくなる、という心理です。こういうのを、「執着」と呼ぶのかもしれませんね。

手放してみれば「あれ、私、何にこだわってたのかしら」なんてことに。

Point
ブドウを食べたい自分を認める

本当は
好きなんだ

とりあえずでいい、相手を許してみる

負けるが勝ちになる「吉本新喜劇の法則」

僕は関西人です。関西人のDNAには、吉本新喜劇のエッセンスが組み込まれています（笑）。

池乃めだかさんという方がおられます。ちっちゃいおっちゃんです。

その小ささを武器にして、おもしろいことをいろいろ見せてくれます。

中でも好きなのが、新喜劇の中でヤクザ風の奴らにボコボコにされたくせに、「今日はこのぐらいで勘弁してやるか」とか「ふっ、口ほどにもない奴らめ」とかいって、大手を振って歩いていくネタです。

すると、周囲の役者さんも大ズッコケします。

このシーンが、お決まりだけど大好きです。

実は、僕はこれをカウンセリング中に使うことがよくありました。

カウンセリングには、「上司が許せない」「お母さんが許せない」「いじめたあいつが許せない」ということで苦しんでいる方が多く訪れました。

「許せない」とまではいかなくても、なんとなく、過去に自分に対して理不尽なことをした人にわだかまりをもっている人も多いですね。

で、許せないということは……許したくない。

当たり前ですが（笑）。

で、そんな方たちがどうしたいかというと、

「許せないということを、相手に伝えたい」

「その出来事のせいで自分が不幸になっていると知らせたい」

つまり、「自分で引きずっている」のです。

一方、相手はどうかというと、たぶんそんな出来事は忘れています。飯食って、風呂入って、テレビ見ながらげらげら笑っているかもしれません。

で、自分だけが恨み、怖い顔をし続けている。

中には、思いあまって本人に「許せない!!」「許せなかった!!」と伝える人もいます。

けれども、相手が「ごめん」「すまなかった」と謝っても、「本気でわかってるかどうかあやしいもんだ」と、まだすっきりしない。

謝ってくれるならまだしも、意外に相手は「え、そんなことしたっけ？」「するわけないでしょ」と「覚えてない」ことも多いのです。

これでは、ますますすっきりしない。こういうときに、どうするか。

僕のカウンセリングルームには、おもちゃのボールを山ほど置いていました。

少し離れたところにイスを置いて、その無人のイスに許せない相手が座っているところをイメージしてもらいます。

そして、そのイスに向かって、いいたいことや文句をいいながらそのボールを投げつけてもらいます。

「バカやろう」「なんでそんなこというんだ」「もっと親らしくしろ」「謝れ」などといいながら、どんどんどんどん投げてもらいます。

すると……そこではじめてみなさんは自分の「本音」に気づいていきます。

投げているうちに、どんどんどんどん、セリフと感情が出てきます。
その「感情」をいかに自分が隠していたのかに気づきます。
それが「本音」です。
「本音」は、弱っちい感情です。

助けて、かまって、仲間に入れて、優しくして、置いてかないで。
甘えさせて、大好き、ほんとは大好き。
そんなこと、弱くて、かっこ悪くていえない。

いえないから態度で示そうとしたり、意地を張ってみたりするのです。
散々投げつけたら、そこから「許し」の作業に入ります。
ボールをぶつけながら、前述の池乃めだかさんのセリフを使うのです。

「今日はこのくらいにしといたろか」
「しかたない、許してやるわ」

すると、「つい、うっかり」許してしまったりします（笑）。

でも、実はこれは、すごい勇気です。

許せない相手を許すのは、すごい勇気です。

自分にひどいことをした人を許すのは、すごい勇気です。

自分の価値観という法律の中では、自分にひどいことをした相手は「極悪な犯罪者」です。その犯罪者を無罪放免にするぐらいの勇気です。

でも、その「勇気」を出すことは、大きな人生の「決断」です。

「自分が幸せになる決断」なのです。


さあ、あなたも、「こだわり」を捨てる決断を下してみませんか。

Point
大事なのは「当時」の相手に向かってやること

意地を張らずに素直に生きる

人生の流れを阻害する「ねじれの法則」

何かにすねたり、意地を張ったり、つまり、素直になれずにいると、本来の流れを阻害してしまうことがあります。

必要なものが少ししか流れない。

もちろん、それをばねにして勢いをつけられることもあります。

「怒り」「悔しさ」「反骨」のエネルギーをもとにして成功することも珍しくありません。

でも、それを長く続けると、やはりどこかで無理やひずみが生まれてきます。

太いホースをイメージしてみてください。

そして、そのホースを少しねじってみます。すると、水の流れが悪くなります。その代わり、ホースの一部をねじったり狭めたりすることで、水の出る勢いが強くなって役に立つこともあります。

川にたとえると、渓谷や上流では、川の水はくねくねと細いところを流れたり、滝になったり、水たまりができたりと、スムーズに流れないところが多くあります。

でも、河口付近になると、川は蛇行することなく水は悠々と流れていきます。

人も、すねたり、意地を張ったりしている時期を卒業して、素直になってみる。つまり、心のひずみやゆがみをとると、川がたくさんの水を集めて、豊かに、悠々と流れていくように、人間関係も物事も自分本来の力も、うまく流れ始めるのかもしれません。

- 意地を張らずに、誰かに助けを求める。
- 意地を張らずに、誰かの考えを受け止める。
- 意地を張らずに、そろそろ許してあげる。
- 意地を張らずに、あいつの才能を認める。
- 意地を張らずに、自分の才能を認める。
- 意地を張らずに、誰かを信じて任せてみる。

- 意地を張らずに、誰かを助けてみる。
- 意地を張らずに、「ありがとう」と伝えてみる。
- 意地を張らずに、「好き」と伝えてみる。

そんなところから、流れが豊かに変わり始めるのかもしれません。
意地を張らないのには、「勇気」が必要です。
意地を張っていた相手を許す勇気です。
さて、あなたはどこから始めますか。

Point
意地を張らずに「ありがとう」といってみる

3章
人間関係をラクにするヒント

自分と他人の「フィルターの違い」を
認めることができたら、人間関係の悩みは消えていく

自分ばかりひどい目にあうと考える人は、すねているだけ。
自分の本音に気づいて、心を開く練習をしよう

負け惜しみをいうのではなく、
「できない自分」を認めよう

許せない相手を許すにはすごい勇気がいる。
その「勇気」を出すのは、「自分が幸せになる決断」を
下すことと同じ

4章

自分も他人も嫌になって苦しいあなたへ

4章は、56ページの「心の状態」でいうところの「I'm not OK, you're not OK.」で苦しんでいる方に向けて書きました。

この状態だと、

私はダメです。あなたも信じられません。

という非常に苦しいどん底にあります。

「どうして私のことを理解してくれないの?」と思う一方で、「私なんか誰にも理解してもらえない」と思い込みます。

「まわりは、話のわからないバカばっかり!」と怒りを覚える一方で、「俺はダメな奴だ」とひどく落ち込みます。

他人を攻撃したり、責めたりしながら、同時に、自分を攻撃したり責めたりします。

つまり、他人にも自分にも「OK」を出すことができない。

「他人大嫌い」「自分大嫌い」なわけです。

このような状況になると、ひどいときにはうつや自傷に走ってしまう人すら出てきます。

これは、非常につらい。

一番心がしんどい状態です。

自分はもとより、誰も信じられないのですから、とにかく人間関係が、「しんどい」。

本章は、こんな状態になっている方たちの心に効く話です。

似たようなところで人はつまずく

自分の壁を突破できない「トラウマラインの法則」

自分が嫌で嫌でどうしようもない。そのうえ、まわりの人みんなが敵に見えてしかたない。

「誰一人自分の味方なんていない」と思って絶望的になってしまう。

あげくに、「こんな自分の味方になってくれる人なんていなくて当然だ」と、自己否定するようになってしまう。

自分も嫌だし、まわりも嫌。

こういうどん底の状態の方がいます。

こうした方たちは、会社員、主婦、学生など、老若男女を問わず、いろいろな立場にかかわらず、本当にさまざまな要因の悩みを抱えています。

でも、よく聞いてみると、悩みの環境や、周囲の人間関係などに違いはあるものの、一つ、大きな共通点があります。

それは、「悩みは、遠い昔から繰り返してきたパターンである」ということ。子どもの頃から繰り返しているパターンで悩んでいる人が実に多いのです。

つまり、

「あるパターンが乗り越えられない」

ということなんです。

では、「あるパターン」とは、なんでしょう。

ついつい避けてしまう、逃げてしまう、立ち向かえない、勇気が出ない、あきらめる、怖い、不安になる。

そんな壁のことです。

そうした壁は、人それぞれに存在するようです。

どうしてそれが怖いのか。

それは、その壁を乗り越えようとしたときに、自分が今まで一番見たくなかったものに触れてしまうからなのかもしれません。

自分の過去の嫌な体験を思い出してしまって、同じパターンで何度も立ち止まり、そこから抜け出せない。

僕は、この壁のことを「トラウマライン」と呼んでいます。

この「トラウマライン」、友人関係やパートナーとの関係、恋愛関係だけでなく、仕事や会社経営にも当てはまります。

この「トラウマライン」を見つけるには、次の質問が有効です。


「いつから、そのパターンを繰り返していますか」

「その壁を乗り越えようとすると、何が怖いですか。何を思い出しますか」

「どんなことがあったから、その壁が怖くなったのでしょうか」


落ち着いた環境でゆっくりと自分自身に質問してください。

きっとあなたの中の「トラウマライン」が見えてくるはずです。

Point
越えられない「壁」の存在に気づく

心の初期設定を見直してみよう

自分が思うように動けない「パソコン初期設定の法則」

兵庫県に生まれた僕は、その地域の文化、両親の教え、先生の教え、『少年ジャンプ』や星新一の小説、吉本新喜劇（笑）に触れながら育ちました。

そうして育つうちに、

- これはいいこと
- これはいけないこと

といった判断基準ができあがっていきました。

それは、自分が不快に感じたこともあるでしょうし、怒られたことや教えられたこともあるでしょう。

そうして、「これはいけないこと」と教えられたもの、感じたことは、大人になっても自分ではしないように心がけます。無意識に守り続けます。

この状態は、僕らの身近にある「あるもの」に似ています。なんでしょうか。

そう、それは「パソコン」です。

僕は、パソコンを使って仕事をしていますが、実はパソコンが苦手です。

パソコンを使っていても、思うように動かないときがよくあります。

そういったときに、パソコンに詳しい人にチェックしてもらうと、

「あんた、初期設定でここにチェック入れてるからやん」

といわれることがあります。

「このチェックをはずしたら大丈夫」と、はずしてもらうと、あら不思議。魔法のように動きます。

つまり、知らないうちに入れてしまった初期設定のおかげで、ずっと悩んでいたのです。

実は、すごく簡単なハードル。

でも、自分ではそんなことはまったくわかりません。

で、思うように動かない。

カウンセリングに来られる方を見ていると、学生さんも、60歳近い方も、結局は、子どもの頃と同じことで悩んでおられるのです。


あなたも、結局は昔から同じことで悩んでいませんか。

何度も、同じような「トラウマライン」でつまずいていませんか。

パソコンの初期設定を見てもらいながら、

「なんで、こんなとこ『Ｙｅｓ』にチェックしてるの」

「なんでって……そうしろってお母ちゃんがいったから」

という状況と似たようなことが、人生で起こっているだけかもしれません。

そして、作業中（人生）の不具合を通じて、自分の初期設定を探して、設定を変えていく。

これって、すごく楽しい謎解きですよね、考えようによっては。

ただし、それにはとても地道な作業が必要だったり、そこまで築き上げてきたものが、崩れ落ちたりすることもあるかもしれません。

文章を書いている途中にパソコンがフリーズして再起動しなければならなくなり、書きかけの文章が消えてしまったときぐらいショックかもしれません（笑）。

その「初期設定を見直す」、つまりは、「トラウマと向き合う」には、もしかしたら「両親に向き合う」ことが必要かもしれません。

両親はあなたの「価値観」という初期設定プログラムの重要な設計者です。

その重要な設計者に向き合うことで、初期設定の大きな間違いに気づくこともたくさんあります。

初期設定の内容がよければ、悩みすら生じません。

しかし、初期設定がおかしい場合は、当然、作業はうまくいきません。そのためにぼやき続けても周囲の人だって困ります（笑）。

初期設定に向き合うことはとてもしんどいことです。

パソコンが苦手な人にとって、初期設定に向き合うのは、すごくめんどくさい。

それと同じかもしれません。

苦手な人には、苦手。

簡単な人には、簡単。

自分の「初期設定」はどのようになっていて、不具合が起きている場合、どうすればそれを変えられるのか。

それを考えてみてください。

すると、

「あ、なんだ、ここか」

と、あっけないぐらい簡単に悩みは解消されるかもしれません。

Point
この機会に自分の「初期設定」をチェックする

親の教えを破ることも
自立の一歩

自分は満たされていると いうことを知る

いつまでたっても満タンにならない「ウイスキーの樽《たる》の法則」

なぜかいつも不安で、自分は中身の空っぽな、価値のない人間であるように感じられるときはありませんか。

「欠けている」「満たされていない」と思っていると、「足りていない」「不平不満」「奪う」「勝つ」「不安」という思いが生まれます。

すると、誰かが「もっている」のを見ると、奪いたくなったり、嫉妬したり、不平不満が湧いてくる。

逆に「もっていない」人を見ると、ちょっと優越感を感じるため、不幸なニュースについ目が行ってしまったり、他人のあら探しをしてしまう。

心の中ではいつも競争して、いつも他人と比べて、満たされていない自分を責めて……と、忙しい。

そして、もがいてもがいて自分を満たそうとする。……でも、満たされない。

では、どうすれば自分を満たすことができるのでしょうか。

ウイスキーの大きな樽《たる》を思い浮かべてみてください。

ウイスキーの樽は、たくさんの板を合わせてできています。その中の1枚の板が、もし半分の高さで割れていたら、ウイスキーは、どうなると思いますか。

そう、どんなに大きな樽でも、ウイスキーがたまる量は、その割れた板の高さまでにしかなりません。

人は本来、大きな器（樽）で生まれてきます。

豊かなものが、なみなみと入る大きな樽です。

でも、いつの頃からか、そのうちの何枚かの板が割れてしまった。

そうすると、がんばっても、がんばっても、ウイスキーは満たされない。

いくら入れても、割れたところからもれ出していく。

もし、この板が割れていなかったら、がんばった分だけ、どんどんウイスキーはたまっていくはずですよね。

やがてあふれ出し、まわりの人ともおいしさを分かち合うことができます。樽にはなみなみと入っているので、いくら分かち合っても安心です。そして、人がたくさん集まってきて、楽しく、豊かな世界が広がっていきます。

……でも、割れている。私の樽は、割れている。

割れずに生まれてきたはずなのに、割れている。


と、「感じている」。


そう、割れていると「感じている」だけなのです。

なぜ「割れていると感じている」のか。

それは「割った奴がいるから」です。

多くの場合、樽の板を「割った奴」は、親です。友人だったり、教育者だったりすることもあります。


「あなたは、ここができていない」

「そういうことはやめなさい」

「なんでこんなこともできないの」

「○○ちゃん、変」

これらはすべて「あなたは割れてるわよ」という言葉です（たとえ、それがしつけや成長のための愛の言葉であっても受け取り方はそれぞれですから）。

今、満たされていない人は、たまたま親から「割れてるよ」という言葉を受け取ってしまった。言葉を真に受けてしまっただけです。それだけです。

つまり、実は最初から割れてないんです。心の板、割れていないんですよ。

まだいっぱい入るんですよ。愛情も、豊かさも。あなたの樽には。だから、

もう、割れていると思わなくていいんです。

もう、争わなくてもいいんです。

もう、分かち合ってもいいのです。なくなりません。

もう、自分にひどいことをした人に、感謝してもいいのです。


そう、もう、満たされていいのです。

そう、満たされていることに気づいていいのです。

Point
誰の樽も割れていない

目の前の問題は捨てた自分のカケラ

涙はかれるまで泣くほうがいい「贈る言葉の法則」

昔僕たちの世代で、はやった歌に海援隊の「贈る言葉」というものがあります。武田鉄矢主演の名作ドラマ『3年B組　金八先生』の主題歌ですね。

僕はずっと、あの歌の中に出てくるあるフレーズに、「そんなことないよ」と反発していました。それは、

「♪人は悲しみが多いほど、人には優しくできるのだから♪」

というフレーズです。

僕も心に悲しみを抱えて、ずっとすねて生きてたようなものなので、ある意味、ずっと心がやさぐれてました。

なので、この歌詞に対しては、「悲しみが多いほど、心はひねくれていく。優しくなんてなれないよ」と思っていました。

それは、悪い出来事を他人のせいにしていたからです。

やがて、悪い出来事は自分が引き起こしているのかもしれない、と思うようになってからも心が苦しくなるような出来事がいくつか続き、それをもがいて乗り

越えていくうちに気づきました。

「これは、つらいわ」と、今さらながらに自分の心が苦しみを感じたのです。

そして、はじめて自分以外の人のつらさを受け入れられるようになったのです。

そうして、悲しみを感じるほどに、自分の心が他人に対して優しく、受容的になっていくのを感じました。

それまでの僕が、いかに器がちっちゃい人間だったのかがわかりました（笑）。

するとはじめて、「悲しみの数だけ人に優しくなれた」のです。

また、先ほどの歌には、こんなフレーズも出てきます。

「♪悲しみこらえてほほえむよりも、涙かれるまで泣くほうがいい♪」

悲しみや理不尽なこと、怒りに立ち向かうには、ものすごくエネルギーが必要です。

ところが子どもの頃には、そこまでのエネルギーや対処方法、表現方法もありません。

だから、笑うしかない、いうとおりに従うしかない、気づかないふりをするしかない、感情を閉じるしかない。

そんなことしかできない場合があります。

そのほうが「まし」。

そうしないと「安全に生きていけない」。

すると、そのとき感じた怒りや悲しみ、欠乏感などの感情が残ったままになります。

本当は、悲しみや怒りといった感情は感じつくすまで感じて昇華させてしまえばいいのに。

僕たちは、それが残っているのを無意識のうちに知っているので、その部分を「見ないように」「感じないように」「なかったこと」にして、凍結させて生きていきます。

これが、いわゆる「トラウマ」のもとになってしまうのです。

しかし、大人になったある日、当時の感情が突然解凍されて、目の前の人や、目の前の出来事を使って、「再現」「追体験」されることがあります。

それが、「問題」です。

つまり、「問題」「問題となる人間関係」は、しこりとなっている過去の感情を思い出すための単なるツールなのです。

「問題」はあなたが残してきた、感情のかけら。

解凍して、向き合うことで、きっとあなたの失った感情が取り戻せるはずです。

今からでもいい、そのときの感情を思いきり感じつくして「終わらせて」ください。

Point
悲しみや怒りは解凍して抱きしめる

いっぱい悲しんで怒って
いっぱい笑おう

問題は、解いてこそ価値が生まれる

人生の試練がやってくる意味がわかる「受験の法則」

僕たちは、困ったときに、「問題が起こった」とか「あの人は問題だ」とか「私のこういうところが問題」という表現をします。

これっておもしろいなあと思うんです。

ほかにも「社会問題」とか「北朝鮮問題」とか「夫婦の問題」とか、いろいろなふうに使います。

で、ふと思ったのが、学校のテスト用紙にも「問題」って書いてあるんですよね。

この場合「問題」には「解答」がついてきます。

つまり、「問題」っていうのは、「解くもの」なのかもしれません。

社会的にいう「問題」が終わりを迎えるときは、「解決」といいます。ここにも「解」という文字が入っています。

テストの「問題」に向き合ったときや、問題を感じる人が目の前に現れたとき、僕たちは、場合によってはそれを「排除」しようとします。

逃げることもあります。

向かい合わないこともあります。

カンニングすることもあります（笑）。

しかし、問題を解決するということは、その問題を「解くこと」ではないでしょうか。

そして、解かないでそのままにしておくと、「宿題」として、ずっとついてきます。未解決のまま。

問題を解決する、ということは、「目の前の問題をヒントにして、『本当の問題』を解くことで、次のステップに進むこと」ではないでしょうか。

間違っても、その「問題」自体を変えようとすることではないのです。

問題を解けば、自分の人生のステップアップにつながります。

目の前に現れる問題（人や出来事、自分の内面）は、次のステップに進むための「テスト」だといえるのです。

高校受験や大学受験、進級試験や昇段試験、昇進テストなど、人が「次のステップに進む」ときには、多くの場合、「テスト」がありますよね。

その「テスト」を乗り越えないと、次には進めません。ずっとそのレベルのままです。

ただし、「人生」のテストでは100点をとる必要はありません。

学校の進級テストも、「人生の進級テスト」も同じです。

今のクラスや、今の場所で、ちゃんと何かを学び、次のクラスに進むための経験を積むことで、人ははじめて成長ができるのではないでしょうか。

自分にとっての困難な出来事、苦手だと感じることは常にやってきます。

これが「人生のテスト」の「問題」です。テストに出てくる「問題」の内容には、習ったこと、つまり、「経験したこと」しか出てきません。

「問題」が起きたときは、人生の昇級テストの時期、自分の今までの人生をもう一度振り返り、やり残したこと、逃げてきたことに取り組み直すことで、次のステージに進めるのかもしれませんね。

けれど実際は、「この問題が悪い」と、問題のせいにしている人も少なくありません。

「おまえが変わらないから」「あの人が変わらないから」「あの人のせいで」「会社のせいで」「あの上司のせいで」と人のせいにしている。

自分はちゃんとしている、自分は問題ない、と、自分以外に問題を押しつけている間は、考える力も、行動力も身につきません。

そうして、進級試験には合格しないで、その場所でぐるぐると回り続けることになるのです。

その「問題」を、自分に「与えられたもの」として、きちんと意味やメッセージ、ヒントとして活用すれば、あなたはきっと成長できます。

Point

あなたの問題には「正解」ではなく、あなただけの「答え」がある

まわりの人を見れば自分がわかる

カメラ、ビデオなしで自分を知る「おならの法則」

すご―く当たり前のことなんですが、自分の顔をなんの道具もなく見ようとしても見ることはできません。

どんなにがんばっても見られません。

首を速く回しても無理です。

そんなごく当たり前のことに、あるとき、ふと気づいて笑ってしまいました。

鏡って偉大だなあ、ビデオや写真って偉大だなあ、とあらためて思いました。

僕は、高校生になって髪型なんかを気にし始めたとき、鏡を見て髪の分け方とかをいろいろ気にしました。

テレビで見たタレントさんと同じ方向で分けていたはずなのに、写真で見たときに逆になってて驚いたことがあります（笑）。

また、自分の声や、カラオケで自分の反響音を聞くと、とても違和感がありました。

自分が聞いている声は、骨を伝っていつも聞いている、慣れ親しんだ声です。

しかし、最初に自分の声をテープで聞いたときは逃げ出したくなりました。自分がセミナーをしているところをはじめてビデオに撮って見たときも同じです(笑)。

鏡やビデオ、カメラがないと、自分の姿さえ自分では見られません。

お化粧にしても、服装にしても、鏡がないと自分がどうなっているのかわかりません。チェックもできません。髭《ひげ》もそれません。

自分のおならも同じです。

閉めきった部屋の中にいて、こっそりおならをしました。

まわりの人が「おや、何か臭いぞ」といい出しました。

でも、自分のおならは、他人のよりも愛着がありますので、自分は耐えられます。

「おまえがおならしたんだろう」と誰かにいわれると、

「違うよ!!」。図星をつかれて、ムキになって怒ります。

また、自分がしたときは平然としていますが、誰かがついおならをしてしまったときには、自分のことは棚に上げて、鬼の首をとったようにからかったりもします。

こんな方に、カウンセリング中に「あなたもおなら（ああいうひどいこと）するよね」と聞くと、「するけど、私はしたっていうよ」「私は誰もいないところでするわ」といいます。

そして必ずいうのが、「あの人ほど臭く（ひどく）ないわよ!!」。

毎度、汚いたとえで申し訳ありません（苦笑）。

心を映す鏡はありません。

しかし、自分の出しているエネルギー、同じものをもつ人があなたのまわりに集まってきます。つまり、あなたの周囲はあなた自身と同じ色に染まっていくのです。

・自分の出しているエネルギー

- 自分がしている表情や口グセ
- 自分が周囲からどう見られているか
- 自分がこれからどうなっていくのか

こうしたことを知るためには、どうやら、自分の周囲の人を鏡代わりに見るしかないようです。

「人のふり見てわがふり直せ」

昔のことわざは本当によくできています。

あなたのまわりにいる人は、鏡のようにあなた自身を映し出しています。あなたの周囲をよく見れば、自分では見えないあなたの問題と向き合うことができます。

今、あなたのまわりにいる人は、どんな口グセ、どんな行動、どんな考え方、どんな優しさ、どんな態度で、どんな色に染まっているでしょうか。

それは、あなたなのかもしれません。

Point
まわりの人を一人ひとり見直す

自分のことはわからない
だから他人がいるんだね

失敗してもいい、自分の思いを大切に

困難な状況で思考停止する「頭が真っ白になる法則」

よく「自分の意見がない」とか「頭が真っ白になる」という方がカウンセリングに来られます。

髪の毛の話じゃなくて、パニックで頭が真っ白になるとか、質問されても考えが浮かばない、という意味です。

僕はその理由を考えていて、一つの結論にたどり着きました。

頭が真っ白になるのには、理由があったのです。

それは――

「自分の意見を捨ててきた」

ということではないだろうかということです。

僕たちは、日々生きていく中で、さまざまなものを見たり聞いたり考えたりします。

そうやってとり入れた情報は、その人の中にある、今までの人生で築き上げた独自の価値観に照らし合わされ、そこではじめて「感情」や「思い」が生まれます。

要は頭が真っ白になる人というのは、この「感情」や「思い」がどこかに行っちゃっているのです。

では、どこに行ってしまったんでしょう。

今まで、自分の意見や思いが湧いたときに、それを口に出したら笑われた、怒られた、間違ってる、おかしいといわれた。

もしくは、自分が思ったことを口に出そうかどうか躊躇《ちゅうちょ》していたら、別の人がそれと同じことを口に出して、批判されていた。

そんな体験を、もし今まで何度となくしてきたとしたら、日々の暮らしの中でさまざまな思いが湧いたとしても、

- こんなことといったら笑われる
- こんなことといったら怒られる
- こんなことといったらバカにされる

と、せっかく湧いた思いをすべて消してしまいます。

あれもダメ、これもダメ、それもダメ……。

すると「なんにも残らない＝真っ白」という図式ができあがるのではないかと思います。

つまり、すべての湧いてくる思いや感情に自分で「×」をつけて捨ててきたのです。

真っ白にならないで残った思いがあるなら、それはたぶん「無難」なものじゃないでしょうか。

「無難なもの」というのは、無難です（笑）。失敗しないもの。


何も怒られない、笑われない。

みんなと同じ、失敗しない。

行動の判断基準がこういったことにあると、今までの人生でも、無難なことばかりを選んで生きてきているはずです。すると、無難な人生ができあがります。

といいつつ、僕自身も無難なものをよく選びます。

でも、これからの人生、もっと楽しく、もっと成長したいなら、「無難」ではなく、「勇気」「挑戦」「失敗」を選んでみる。

そんな判断基準で生きていくと、大変だけど楽しくなるかもしれませんね。

ベストセラー『夢をかなえるゾウ』の著者・水野敬也さんが書いた『大金星』（小学館・刊）という小説があります。

ここに出てくる、主人公をサポートする変な男の言葉です。

「テンパった数だけ、人は成長する生き物でごわす」

いい言葉です。

ほんとにそうなんだろうなって思います。

人間、ピンチや悩みを乗り越えることではじめて根を張り、実り、大きく成長するのかもしれませんね。

さあ、あなたのこれからは、「無難」か「挑戦」、どちらでいきますか。

Point 真っ白よりも「あなた色」がいい

「正解はどれか」にこだわらない

人生、どっちに転んでも変わらない「答えは同じの法則」

あの人とこれ以上一緒に仕事をするのも嫌だから会社を辞めたいけど、かといって、違う職場に行っても、自分がうまくふるまえる自信がない。

彼と付き合ってても苦しいから別れたいけれども、また誰かと付き合える自信がない。

このように「これもダメ、あれもダメ」と自分に自信がもてず、かといって他人も信じられないとき、「決断を下す」のはとても悩ましいですよね。

「会社を辞めるべきか、どうか」
「彼氏と別れるか、どうか」
「結婚するか、しないか」
「一番傷つかない方法はAかBか」
「ここでいうべきか、いわないのか」

このように多かれ少なかれ、僕たちはAかBかで悩みます。

Aのほうがいいのか、Bのほうがいいのか。

人生には山ほどの選択肢があります。

選択肢を前にして、

「どっちが正解（失敗しない）なんだろう」

と、悩む場面はたくさん存在します。

行くも地獄、戻るも地獄です。


でも、実は、「正解」なんてないのかもしれません。

たとえば、Aを選んだとします。

すると、すぐにまた次に、CかDかEかFかを選ばないといけない事態が、目の前にやってきます。

ええ、必ずやってきます（笑）。

で、今回はCを選んだ（ほかの選択肢をすべて捨てた）。

すると、そのあとすぐに、今度はGかHかIかJかKかLかMかNを選ぶ事態が、目の前にやってきます。

ええ、必ずやってきます（笑）。

で、Gを選んだ。

すると、OかPかQかRかSか……以下略。

と、延々と選択、つまり、決断の連続が訪れるのです。

目の前のAかBだけで決まるのではない、のです。

そして、実は、今の自分も、「そのときの自分の思考回路にとって最善の選択」をしてきた結果なのです。

- 一番いいと思える方法
- 一番傷つかない選択
- 一番失敗しないだろう選択
- 一番前進できるだろう選択

今まで、いったい何とおりの選択肢を捨ててきたのでしょう。

これから、いったい何とおりの選択肢を捨てていくのでしょう。

選択肢はネズミ算式に、無限にあります。
すべて2択だとしても、10回決断する間に千以上の選択肢を捨てています。
20回決断する間なら100万を超える選択肢を捨てることになります。
そうなると、どれが正解だったかなんて、全然わかりません（笑）。
100個ある答えのうち、正解が1個だなんてことはありませんよね。

だったら、「正解はどれか」なんてことにこだわっていてはもったいない。
どの選択が、一番、自分が成長できるだろう。
その選択が、結果的に「正しい」後悔のない選択なのかもしれませんね。

Point
正解を気にせず、選択する

行き当たりばったりで うまくいく

自分を映画の主人公に見立ててみる

人生をドラマチックにする「人生劇場の法則」

僕は映画が好きでよく見ます。

映画のおもしろいところは、やはりドラマチックなところです。

そして、よくできた映画は、さまざまなところにドラマチックな要素がしかけられています。

また、「つらいとき」「落ち込んだとき」と、「楽しいとき」「うまくいったとき」のギャップが大きい映画ほど感動します。

虐げられていた主人公が、何かをきっかけに立ち直って成功したり、さまざまな困難を乗り越えたりして、幸せになっていく姿に感動するのです。

それは、見る側が主人公の「成長する姿」に自分を重ねるからなのかもしれません。もし、最初から最後まで幸せなお姫さまの映画だったとしたら、誰も見ないでしょう。

また、強烈な悪役キャラがいることも、映画をおもしろくするポイントだったりします。裏切りや誤解、恨みや悲しみなどのネガティブな感情があっても、災害が起きても、少しずつ誤解が解けていったり、許し合っていったり、困難に立ち向かったりするさまが感動を呼びます。

さて、ここまでの話を、あなたの人生に当てはめてみるといかがでしょうか。人生も、映画と同じだと思います。

ドラマチックであればあるほど、魅力的だと思いませんか。

物語の主人公は、夢や目標に向かいながら、その過程で強力なライバルが現れたり、病気になったり、さまざまな障害や問題に出合っても、知恵と勇気を使ってそれを乗り越えていきます。

さあ、今あなたは、ストーリーのどのあたりの場面にいるのでしょう。

Point
トラブルのおかげで人生はドラマチックに

乗り越えられないことは、神様は用意しない

魂を育て、成長させる「神様の法則」

もしも僕が神様だったとしたら。
日本で生きている僕という魂の入った人間に、どんなことをさせるでしょうか。

ただ、のんびりと、幸せに、ふわふわと過ごさせるでしょうか。
それとも、魂を鍛え、成長させるためのことをするでしょうか。
たぶん、後者を選ぶでしょう。

そのためには、何をするでしょう。
たぶん、試練を与えるでしょう。

ちょっとがんばれば乗り越えられる試練、すごくがんばれば越えられる試練。
間違っても、越えられない試練は用意しないでしょうね。
ちょうど、先生が、テスト問題を作っているのと同じ気分かもしれません。

ちょっと引っかけてみたり、点のとれる問題を用意してみたり、すごく難しいのを交ぜてみたり、どこかにヒントを用意してみたり。

テスト中に答えを教えるわけにいきません。

別に100点をとらせるのが目的ではありませんから。

でも、生徒がうんうん悩んで考えて立ち止まって、「あ!!」と叫んでペンを走らせ始めたとしたら、先生はにんまりと笑うかもしれません。

「わからんわ」「センセ教えてや」と、投げやりで「難しすぎるわ」と文句をいう生徒にはどうするでしょう。

にやっと笑って自分で答えを見つけるまで待つのかもしれません。

全然解けなくても明るく取り組む生徒には、「これなら解けるだろ」と、簡単な問題を出すかもしれません。

通りすがりに、ポンポンと答えを指さしてやるかもしれません。

「センセ、ヒントだけください」といわれたら、ちょっとだけならヒントを出すかもしれません。

成長を期待しているからね。
がんばって、がんばって、苦労して、工夫して、魂は磨かれていくんだよ。
僕が親心をもつ神様なら、きっとそんなことを楽しむでしょう。
そう思いました。

Point
さあて、問題にとりかかろうか
(*^_^*)

乗り越えられない壁は、自分が今まで一番見たくなかった「トラウマライン」であることに気づこう

自分はいつまでも満たされない「樽」と思っていても、あなたはすでに満たされている

解決していない問題は、「宿題」としてずっとついてくるやり残してきたことに取り組み直せば、成長できる

成長したいなら、「無難」ではなく、「勇気」を出して「挑戦」「失敗」してみる

5章

人間関係の「しんどい！」を積み重ねない習慣

さて、今までのお話はいかがでしたか。
人間関係が「しんどい！」から、少しはラクになれましたか。

でも、本当なら「しんどい！」と心が苦しくなってどうしようもなくなる前に、それを防げたらいいですよね。
というわけで最終章の5章では、

人間関係の「しんどい！」を積み重ねて、自分や、他人を嫌になる前にできること

を集めてみました。

「スタンプカードの法則」（101ページ）のところでも書きましたが、不満や怒りを、スタンプを集めるようにため込んでしまうから爆発

したり、自分の思いをあきらめたりしてしまうのです。

だから、スタンプをためないためには、

「しんどい！」を積み重ねない行動&習慣

がとても大事です。

人間関係が「しんどい！」と爆発したり、あきらめたりする前に、

何ができるか。

習慣をどう変えていけばいいのか。

あなたの毎日の中で本章の話が参考になれば、うれしいです。

ありがとうといってみる

「もっている」のに「もっていない」と思い込む「ギャンブルの法則」

僕の心は以前はとても乾いていました。

つまり、満たされていない。

満たされていないから、欲しがる。満たされていないから、外からもらおうとする。カラカラの心。

- みんなと同じじゃない——不平
- 満たされていない——不満

足りない、足りない、足りない。

そう思い続けていたのです。だから、心の底から「ありがとう」といえない。

では、どうしてそんなに「足りない」と思ってしまっていたのでしょうか。


心理学でおもしろい実験があります。

「ベルを鳴らすとお肉が出てくる」しかけが繰り返されると、ベルを鳴らすだけで唾液が出る習慣が作られる「パブロフの犬」というものは有名です。

でも、実は、その「習慣」をもっと強固にする次のような方法があるのです。

「犬がボタンを押す⬇肉が出る」。これを続けていくと、犬は、「ボタンを押すと肉が出る」と学習します。しかしこれを、

1. 犬がボタンを押す⬇肉が出る。
2. 犬がボタンを押す⬇肉が出る。
3. 犬がボタンを押す⬇肉が出ない。
4. 犬がボタンを押す⬇肉が出る。
5. 犬がボタンを押す⬇肉が出ない。
6. 犬がボタンを押す⬇肉が出る。

というふうに、ときどき「肉が出ない」をランダムに交ぜるのです。

あくまでもギャンブルのように「不定期に」です。
すると、犬は、「あれ?」と思って、何度も何度もボタンを押し続けます。
これを、人間関係に当てはめます。

「何かがんばった ⬇ ほめられる」。これを続けていくと、人は、「がんばるとほめられる」と学習します。これを、

1. 何かがんばった ⬇ ほめられる。
2. 何かがんばった ⬇ ほめられる。
3. 何かがんばった ⬇ ほめられる。
4. 何かがんばった ⬇ ほめられない。
5. 何かがんばった ⬇ ほめられる。
6. 何かがんばった ⬇ ほめられない。

と、ときどき「ほめられない」が交ざっていると、人は、「あれ?」と思って

必死でがんばり続けます。

ときによって、ほめてもらえたり、ほめてもらえなかったりが続くと、ほめられなかったときに、「え？　何？　どこがいけなかったの？」と、猛烈に自分の欠点探しをしてしまうのです。そして、勝手に予想して探し当てた理由を「ダメな理由」として、自分の価値観に結びつけてしまいます。

さらには、そんなふうにがんばり続けたはてに、「どうしたらほめてもらえるのだろう」と途方に暮れます。

常に「がんばる　⬇　ほめられる」という状態にしようと必死になり、それがかなえられないとわかると絶望するのです。

そして、「私はほめてもらったことがない」「認めてもらえなかった」「足りない」「価値がないからなんだ」と思い込んでしまうようになっていきます。

僕はこれを「ギャンブルの法則」と名づけました。

感謝ができない人は、そんな変な「習慣」がついてしまっているだけなのかもしれません。

つまり、自分は満たされていないと「思い込んで」しまった。

だから、「もしかしたら、自分は何でももっているのかもしれない」と、自分のことを疑ってみる必要があるのかもしれません。

自分が「足りない」「満たされていない」と感じたとき、「もっと○○が欲しい」「○○になりたい」と感じたとき、そんなときには、ぜひ自分を疑ってみてください。

「本当は、自分は恵まれているのかもしれない」

「もっていないと思い込んでいるだけかもしれない」と。

最初は、口先だけでも、しらじらしくても、「ありがとう」「おかげさまで」といってみる習慣を身につけるのも一つの方法です。

Point もっているもの一つひとつに「ありがとう」と感謝する

ときどきは、ちゃんと「毒を吐く」

いい言葉を使うことで悪いことが起きる「ウソつきいい人の法則」

「言霊《ことだま》」という言葉があります。

言葉にはエネルギーがあって、いい言葉にはいいエネルギーが、悪い言葉には、人を病気にしてしまうぐらいの毒性があるといわれています。

自己啓発や、心の世界のことを学ぶとき、当然のようにこの「言葉」に気をつけるようになります。

「ありがとう」「感謝します」「ついてる」「おかげさまで」「嬉しい」「楽しい」

こうした言葉を心がけて使うように、と。

これらの言葉は、たしかにとても響きのいい、素晴らしい言葉です。

何事も、形から入るのは大切です。たとえ心がこもっていなくても、習慣としていい続けていれば、そのうち心が入ってくることがあります。

心理療法の一つに「ミラクルクエスチョン」というものがあります。「ミラクル」、つまり、「もし奇跡が起こったとしたら」という仮定で、問題が解決した「うまくいっている未来」を想像してもらいます。

そして、「うまくいっている未来」での行動の中で、今すぐにでもできることがあれば、今、現実の世界でもやってみる。

すると、「うまくいっている未来」に近づくことができるというものです。

たとえば、「うまくいった未来」をイメージしたとき、「いつも『ありがとう』と感謝している自分」を想像したとします。

そして現実の世界でも、なるべくいつも「ありがとう」というクセをつけると、「うまくいった未来」が来る可能性が高まるという方法です。

NLPという心理学の手法にも「モデリング」というものがあります。

これは、自分が尊敬している人や、自分がなりたいと思っている人の言動をまねたり、なりきって、その考え方や信念までをも取り入れたりすることで、理想の状態に近づけていくという方法です。

たとえば、自分のあこがれている人の口グセが「ありがとう」なら、同じように「ありがとう」と口にして感謝してみる。

すると、その人に近づいていくというものです。

実際、そのようにしてうまくいく人が多いので、効果のある方法といえます。

そう、いい言葉を使えば、いい波動を出すし、いい状態を作り出せるはずです。

ところが、です。

実際は、この方法をやればやるほど苦しくなっていく方がいます。

「ありがとう」と口にしてみても、腹が立っていたり、納得できずにいたりする方がいるのです。

たしかに、ひどい目にあったときに「感謝します」「ついてる」とは思えないですよね。

でも、そんなときでも「きっといいことがあるはずだから」といい言葉を使い続ける。そして、「私は問題ないのよ」と平気なふりをする。

いい人のふりをしてしまう。

「私は人の悪口や愚痴をいったりしないのよ」と自分にウソをついてしまう。

そんな人のおなかの中は、たまった悪口や愚痴で真っ黒です。

そんなときは、思いきって愚痴や悪口をいってみてください。

本心は、口にしたほうがいいときもあります。

思いきり「体から、その黒いエネルギーを排出する」ことです。デトックスです。

まずは「怒り」を放出してください。

すっきりしますよ。

それらの本音を放出して、すっきりしたあと、それからあらためていい言葉を使ってみてください。

ただし、いつもそうやって、愚痴や悪口、不平不満ばかりいっていると、神様は味方してくれません。

出すのは、あくまでも「ときどき」ですよ。

黒いエネルギーを吐き出してください。

ガマンしてため込んでいるから、気分が悪くなったり、顔色や表情に出てしまうのです。

そうして、真っ黒のオーラを出します。

目が笑っていない人になります。

それでは怖いですね。

Point
黒いものを「感謝」で無理にフタをしない

おなかの中は
きれい？

ダメなところ、悪いところを認める

自分の器を大きくする「ANDで安堵《あんど》の法則」

「自分を認める」
「そのままの自分を認める」
口ではいえるし、頭ではわかるけど、なかなかできないことの一つだと思います。

自分のこういうところが嫌い、こういうところが認められない、ああダメだ、と思う。

「だから、変えたい」「なんとかしたい」と願う。

これは、自分と戦っている状態です。

この「自分の中にいる対戦相手」が、自分の苦手な人です。

自分の内側の仮想敵が、目の前に「苦手な相手」として現れるから否定したくなるのです。戦いたくなるのです。

だって認めていないのですから。そして、「おまえは間違っている」「おまえは、もっとこうなれ」と、「変えよう」とします。

目の前の相手を変えようとしているときは、相手を「否定」しています。

相手を否定する、ということは「自分が正しい」「自分のほうがマシ」と考えているからです。

「あなたは間違っている」。でも「私は正しい」。

「私は正しい」。でも「あなたは間違っている」。

こうした考えが、問題を引き起こします。

宗教戦争も、このようにして起こります。

要するに、「考え方」「ものの見方」の違いです。

では、どうすればいいかというと、「認める」ことが解決のカギになります。

自分の中の「ダメな部分」「弱い部分」は、できればなくなってほしい、消えてほしいことでしょう。つまり、「見たくない」「聞きたくない」「触れられたくない」と否定しています。

そんなとき、「ダメな部分」「弱い部分」をただ見つめて、

「ああ、弱い自分、ダメな自分、怖がっている自分がそこにいるんだな」

と思うことです。


「肯定しなくていい」

「好きにならなくていい」

「変えようとしなくていい」

「ただ、そこに、ある」


と、存在を確認する。無視をしない。

それだけでも「認める」ことになるのです。


「頭ではわかる。理屈ではわかる。でも、具体的にどうしたらいいの？」

という方がいます。カウンセリングでもよく、そう尋ねられます。

では、どうすればいいのか。自分の欠点や、ダメなところを嫌っているときは、ここがダメだから、こう変えよう、つまり、「ＢＵＴ」で否定しています。

「私は弱い。でもそれはダメだから（ＢＵＴ）がんばるべき」

というように、「私は、ダメだ」と「ＢＵＴ」で否定する。

ここに「ＡＮＤ」を使うのです。

「私は弱い。だから（ＡＮＤ）、がんばろう」

「できないところもある。そして（ＡＮＤ）、できることもある」

「私は正しい。そして（ＡＮＤ）、あなたも、正しい」


「自分はこれができない」と、いったん、できない自分を認めて、「さあて、だから（ＡＮＤ）よくしていくようにがんばろうか」と。

ダメな自分と、そうでない自分。どちらも「存在」します。

どちらが好きでもいいですし、どちらを選ぶのだっていいです。

ただ、「否定しない」。

「ＢＵＴ」で、前者を否定するのではなく、どちらの存在も認める。

「ＡＮＤ」を使って生きてみませんか。すると安堵《あんど》しますよ。

そうやって自分の「弱いところ」「できないところ」、さらには「自分以外の価値観」を認めることで、人としての器が大きくなっていくのかもしれませんね。

Point
「BUT」より「AND」で生きる

「できないこと」をさらけ出して生きる

自分を最も成長させる「知らぬが勝ちの法則」

ある英会話学校での出来事です。

ある日、Aくんという若い男性が入学してきました。

Aくんは、学生時代に勉強しなかったので、英語がまったく話せません。

その他の生徒のみなさんは、多少話せたり、中には留学経験もあって、人よりは話せたりしていました。

Aくんは、発音もひどく、トンチンカンな質問をたくさんします。

それを見て周囲の人は、いつもあきれてバカにしていました。

その人たちから見ると、わかりきったことを質問するのですから。

でも、Aくんはくじけず、質問を続けたり、英語でしゃべったりすることをがんばりました。

しかし、「少しは英語ができる」というプライドをもっていたほかの生徒たちは、簡単なことが質問できませんでした。

また、しゃべる場面でも、失敗を恐れて尻込みしてしまいました。

1年後、Aくんは、英語がペラペラになっていました。

ほかの生徒たちは、レベルが入学当時からほとんど上がりませんでした。


知らないことを、さらけ出すこと。

できないことを、隠さないこと。

失敗しても、実践すること。


この大切さを、この話は教えてくれます。

どんな学びの場においても、「それ、知ってる」といって、「知っている」ことに重点を置いて、前に進めない人がいます。

「知っていることを確認して気持ちがいい」だけで終わっているからです。


「知らないから、教えて」

「知ってるけど、そこまで詳しくないから教えて」

「助けてほしい」

そんなことをいえる勇気が、人を成長させてくれるのかもしれませんね。

Point

「できません！」と声を大きくしていう

教えて、助けて、手伝って
ちゃんというのも、勇気

自分から優しくする

人から優しくしてもらえる「優しさ保険の法則」

「話しかけてもらえない」
「優しくしてもらえない」
「認めてもらえない」

僕のカウンセリングルームには、こういった思いを抱えてやってくる方が、かなりの確率でいました。
そんなとき、僕はこう質問していました。

「あなたは、どんな人なら話しかけたいですか」
「どんな人に優しくしたいですか」
「どんな人のことを認めたいですか」

すると……

「話しかけてくれる人」
「自分に優しくしてくれる人」
「自分のことを認めてくれる人」

という答えが返ってきます。
これで終わりです。
だから、僕はこう答えるのです。

「まずはあなたが、まわりの人に話しかけてみてください」
「まずはあなたが、まわりの人に優しくしてあげてください」
「まずはあなたが、欠点探しではなくて、まわりの人のいいところを認めてあげてください」

それだけです。
「でも、してもらってないのに、私からはできません」

といわれることもあります。

はい。それでも、自分からやってください。

保険のかけ金のようなものです。

かけてないのに保険はおりません。

「いつまでもすねていないで、自分がしてほしいことを、まわりの人にしてあげてください」

これが、人から話しかけてもらう、優しくしてもらう、認めてもらう方法です。

Point

まず、自分から話しかける

自分の価値観に従って生きる

シンクロニシティーを起こす「渡りに船の法則」

僕の考えですが、人はそれぞれ「使命」「役割」「目的」をもって生まれてくると思います。

もちろん、生まれたばかりの頃はそんなことには気づきません。大人になっても気づくことができずに終わってしまう方のほうが、多いのかもしれません。

けれども、僕はこの仕事をしていて、あることに気づきました。

それは、「人生のターニングポイントを知らせるサインがある」ということです。

その人がもって生まれた役割があるにもかかわらず、僕たちは、親や世の中の価値観を教育されて育ちます。

そして、しばらくはそれに沿って生きていきます。

でも、そのうちに「自分の中の使命感」がむくむくと湧きあがるときがきます。

そうして、それまでの自分の生き方に「違和感」を抱いたり、「私はこういうことをやりたい」という思いをもつようになることがあります。

でも、人間社会、地域社会の中に生きていると、それぞれの「ルール」や「常識」「ふつう」があります。

自分の中に浮かんできた「違和感」が、そのルールに反するものだったら、多くの人は、自分のその気持ちを抑え込んで生きてしまいます。

周囲の人に怒られることもあります。

そして、自分の中から湧いてきた「思い」を封印して、「ふつうに」生きていこうとします。

すると、「世間のレール」ではない「その人自身のレール」からはどんどんはずれていきます。

そして、そのレールからはずれすぎると、やがていつか非常に痛い出来事に出合います。まるで人生の脱線事故です。大惨事です。

ところが、実はそれが、自分の人生の方向転換のチャンスになるのです。

それなのに、多くの人は、その事件のあとに「さらにふつうに生きる」ことを選びます。怖いから。

ですが、そこで、「自分の人生を選ぶ勇気」を出したり、世間の価値観ではなく、自分の価値観に従おう、人と違っていい、と決めたり、自分の人生を生きると「決めた」とき。その人にランプが点灯します。

すると、神様が気づきます。そして、迎えの船を遣わせてくれます。

これが「シンクロニシティー」です。

心屋風に日本語でいうと「渡りに船」です。

その船に乗るにしても、行き先は書いてありません。しかも、船頭さんは「今もっているものをすべて捨てないと乗せない」といいます。

行き先が書いていなくても、すべて捨てて乗る。

その船に乗る勇気を出すと、「人生の流れに乗る」ことができるのです。

こうして、「自分の価値観に従って生きる」と、神様がそれを察知して、あなたの望むような展開を作ってくれることがあるのです。

Point

「ルール」より「思い」を大事にしてみる

自分の価値観に従えばシンクロニシティーが人生に起きる

本音を素直に伝える

自己開示をうながす「先に脱ぐの法則」

自分の中にある「恥ずかしい出来事」「知られたくないこと」「いいたくないこと」が多いほど、人はそれを守ろうとして心を閉ざします。

それは「プライド」があるからです（ここでは「誇り」とは違う意味にとってください）。

しかし、自分をオープンにすること、つまり、「自己開示」をすることではじめて、コミュニケーションは動き出します。先に「脱ぐ」ってことです。

友達と温泉に行ったとき、最初はもじもじしますが、自分から先に服を脱げば、相手も安心して服を脱ぎ、お互いにリラックスしてお湯に浸かれたことって、ありませんか。それと同じです。

僕は、このプロセスで、「本音を伝えよう」とよくいいます。

「本音を伝える」って頭ではわかるけど、どう行動すればいいかと考えると、けっこう難しい。

そんなとき、僕がおすすめする方法があります。

何か改善したい状況や人間関係があるとき、

「あなたは〜」ではなく、「私は〜」で始めるように話しましょう。


ということです。


世間の心理学の手法の一つに「Iメッセージ」「私メッセージ」というものがあります。

「あなたのこういうところを直してほしい」というような「あなた」から始まる言葉だと、相手を変えようとする「指摘」や「攻撃」になるので避けましょうというものです。

代わりに「私は、そうされると悲しい」「私は、こうしてほしいと思っている」というように、「私は」で始まる言葉にしましょうという方法です。

「私は〜」のあとに、「自分の気持ち」を素直に伝えましょうというものです。

「あなたの時間にルーズなところを直してほしい」

ではなくて、

「私は、あなたが時間に遅れてくると、心配、不安になる」

のほうが、素直なコミュニケーションです。


「あなたのその言い方はないんじゃない？」

ではなくて、

「私は、その言い方だと悲しい思いをする」

となります。


誰かに、自分をわかってもらいたいと思ったら、「私は」で始まる言葉を使ってみませんか。

おまえ、脱げよ、という前に、自分が先に脱いでみましょう。

Point
「私は〜」で会話してみる

本音の中の本音に気づく

相手に本音をぶつけてケンカを招く「理論武装の法則」

「私は」で始まる「Ｉメッセージ」は、とても大切ですが、一つだけ大きな落とし穴があります。


職場で、コミュニケーションのやりとりで争いになり、

「その言い方に腹が立った」

と思うことはありませんか。

そして、「私はその言い方に腹が立った」と「意見」を伝えようとします。「私は〜」で始まり、Ｉメッセージ。しかも、それが「本音」だと思うから、勇気を出していってみる。

でも、残念ながら、これは「本音」ではありません。「建て前」「コーティング」「本音のカモフラージュ」です。

そんな言葉を相手にぶつけると、「本音をいったら大変なことになった」という事態をよく招きますが、それも当たり前です。

「その言い方に腹が立った」の裏に、本音が「隠れて」いるのです。

要するに「なんで、そこに腹が立ったのか」「ほんとはどうしてほしいのか」。

それが「本当の本音」です。

- もっと優しくいってほしかった ⬇ 粗末に扱われたようで悲しかった
- もっと私を大事にしてほしかった ⬇ 大事にされてない気がして悲しかった

でも、かっこ悪くて、照れくさくていえなかったのです。


さて、ここでよく考えてほしいのですが、「本音」とは何でしょうか。

「本当に望んでいること」ですよね。

実は、人はこの「本当に望んでいること」をあまりいいません。

それは、「本当に望んでいること」は、とっても弱くて、かっこ悪いことが多いからです。

そして、この「本当に望んでいること」がかなえられないときに、人は悲しみや怒りを感じます。

この「悲しみや怒り」が、「本音」の中の「本音」なのです。

これをいえなかったから、「その言い方はおかしい」「そのやり方はおかしい」「上司としてそれはないでしょ」「親ならこうすべきでしょ」と、本音を怒りでコーティングして「理論」を相手にぶつけます。

これを「理論武装」といいます。

「武装」しているぐらいですから、戦闘モードです（笑）。

負けないぞ、入ってこさせないぞ、です。

コーティングしてぶつける弾の中には「本音」がつまっています。

「いわなくても気づくべきでしょ」

「かっこ悪いから、いわせるなよ」

本音をいわずに、こんな「べき論」をぶつけるからケンカになるのです。

ぶつけられた側は、戦闘モードに入るか、防御モードに入って閉じ込もってしまいます。

本音をいわずに、本音をわかってもらおうとしている。

それは、無理です（笑）。

武装なんかせずに、素直になってみませんか。

「ほんとは、大事にしてほしかった」ってね。

Point

照れくさくていえない本音は何？

心の武装を解除しよう

あきらめないで、やり続ける

ある日突然、夢がかなう「ポンの法則」

僕はスキーをするのですが、もともとそんなに器用なほうじゃないので、なかなか上手に滑れませんでした。

ある滑り方をマスターしたくて、毎シーズン、何度も何度も練習し、本を読んだりビデオを見たりして研究しました。

それでも、なかなか思うような滑りはできませんでした。

でも、ある年、いつものように滑っていたら、突然それはやってきました。

ほんとに突然、思うような滑りができた瞬間があったのです。

そして、その瞬間のあとはずっと体が覚えていました。

僕は、中学生の頃からギターを始めました。

ギターをやったことのある人が必ず当たる壁だと思うのですが（笑）、「F」というコードがなかなか押さえられませんでした。

それでも、弾きたい一心、もてたい一心で（笑）、毎晩練習していました。

でも、なかなかうまくいかない……。

もうダメかな、と思ったけれど、それでも「F」以外はスムーズに弾けるようになったので、続けていました。

そして、これもある日、突然、何も特別なことはしていないのに「ポン」と押さえられる瞬間が来たのです。

そして、それ以降はずっと弾けるようになりました。

一部の天才の方や器用な方を除いて、やはり何事にも、必ずぶち当たる「壁」があると思います。

その壁は、なかなか越えられません。

けれども、その壁をたたき続ける、ジャンプし続ける、いろいろなことを続けてみる。

ダメかな、と思っても続けてみる。

人間の心のクセも同じ。

ポジティブな考え方ができない。
ネガティブなことばかり考えてしまう。
優しくできない。
受け入れがたいものを受け入れてみる。
許しがたいものを許してみる。
できなくても、やってみる。

でもできない。
それでもやってみる。やってみる。やってみる。
すると、ある日「ポン」とできるようになります。

こうやって繰り返し訓練することで、突然扉は開くのです。
昨日までできなかったことが、今日、突然できることがあるのです。

その「ポン」が来るのは、「あきらめないでやり続けた人」だけです。

明日、できるかもしれない。

もう1回で、できるかもしれない。

いつか「ポン」が来るということを知っておくと、その「ポン」を楽しみに、淡々と続けられるのかもしれません。

Point
あきらめたら、そこで終わりです

5章
人間関係をラクにするヒント

！ 思ったことをいわずにため込んで苦しくなったときは思いきって愚痴や悪口、本音をいってみる

！ 自分の欠点や、ダメなところを嫌っているときは隠さずに、さらけ出そう

！ 誰かの価値観や、世間の価値観ではなく、自分の価値観に従って、自分の人生を生きることを決断しよう

！ 「できない」と思っても、何度も、何度もトライすれば、いつか扉は開く

JASRAC　出1403881-401

おわりに

この本を読んで、

「…………でも」っていわないで、

「…………そうなんだ」って思ってみてくださいね

……そうなんだ

〔著者紹介〕

心屋　仁之助（こころや　じんのすけ）

性格リフォームの匠。個性を生かして性格を変える心理カウンセラー。兵庫県生まれ。京都を拠点に、独自スタイル「本当の自分を見つける」カウンセリングを行なうかたわら、東京・京都などでセミナー活動を展開している。ある大手企業の管理職として働いていたが、家族に起こった事件がきっかけとなり、心理療法を学び始める。その過程で自身の性格が変容していったことに気づき、心理療法を世に広める必要性に目覚める。それが原点となり、「性格改善」を専門とした現在のカウンセリング活動をスタート。独自開発のその手法は、開業後わずか2年で毎月のカウンセリングの予約が取りにくいほど大盛況となり、テレビ出演でも話題となる。著書は『仕事・人間関係 どうしても許せない人がいるときに読む本』（KADOKAWA 中経出版）など多数あり、著書累計部数は 210 万部を突破した。

中経の文庫
人間関係が「しんどい!」と思ったら読む本
2014年4月30日　第1刷発行

著　者　心屋　仁之助（こころや　じんのすけ）
発行者　川金　正法
発行所　株式会社KADOKAWA
〒102-8177　東京都千代田区富士見2-13-3
03-3238-8521（営業）
http://www.kadokawa.co.jp
編　集　中経出版　中経の文庫編集部
〒102-0071　東京都千代田区富士見1-8-19
03-3262-2124（編集）
http://www.chukei.co.jp

落丁・乱丁本はご面倒でも、下記KADOKAWA読者係にお送りください。

送料は小社負担でお取り替えいたします。

古書店で購入したものについては、お取り替えできません。

電話 049-259-1100（9：00～17：00／土日、祝日、年末年始を除く）

〒354-0041　埼玉県入間郡三芳町藤久保550-1

DTP／ニッタプリントサービス　印刷・製本／錦明印刷

ISBN978-4-04-600299-0　C0111